故事里的中国
CHINA IN STORIES

上海

兼收并蓄的活力之都

主编 张剑光

外语教学与研究出版社
北京

图书在版编目（CIP）数据

上海：兼收并蓄的活力之都 / 张剑光主编. —— 北京：外语教学与研究出版社，2023.8
（故事里的中国）
ISBN 978-7-5213-4772-2

Ⅰ.①上… Ⅱ.①张… Ⅲ.①上海－地方史－通俗读物 Ⅳ.①K295.1-49

中国国家版本馆 CIP 数据核字 (2023) 第 157320 号

出 版 人　王　芳
责任编辑　杨雨昕
责任校对　易　璐
装帧设计　刘　爽
出版发行　外语教学与研究出版社
社　　址　北京市西三环北路 19 号（100089）
网　　址　https://www.fltrp.com
印　　刷　北京盛通印刷股份有限公司
开　　本　710×1000　1/16
印　　张　12
版　　次　2023 年 10 月第 1 版 2023 年 10 月第 1 次印刷
书　　号　ISBN 978-7-5213-4772-2
定　　价　75.00 元

如有图书采购需求，图书内容或印刷装订等问题，侵权、盗版书籍等线索，请拨打以下电话或关注官方服务号：
客服电话：400 898 7008
官方服务号：微信搜索并关注公众号"外研社官方服务号"
外研社购书网址：https://fltrp.tmall.com

物料号：347720001

"故事里的中国"丛书编委会

总 策 划：胡 敏 马箭飞

特别顾问：[美]潘维廉（William N. Brown）

总 监 制：宋永波 刘 捷

英文编审：[英]斯明诚（David Symington）

中文编审：张 灵

编辑委员会（按姓氏笔画排列）：王 琳 石丽楠 仲志兰 刘智贤 孙 嘉
　　　　　　　　　　　　　　李彩霞 李 晶 杨雨昕 迟红蕾 张路路
　　　　　　　　　　　　　　易 璐 赵雅茹 段会香 鞠 慧

《上海：兼收并蓄的活力之都》编委会

主　　编：张剑光

中文作者：蔡田雨 王嘉炜 王燕华 张 莹 黄汉城
　　　　　闫华芳 彭 婷 陈 陈 丁晓蕗 朱君露
　　　　　张 丽

总序

中国是什么？它是拥有五千年历史的文明古国，也是世界第二大经济体。它拥有 14 亿多人口、约 960 万平方千米的陆地、约 473 万平方千米的海域、4 个直辖市、23 个省、5 个自治区、2 个特别行政区……

客观的数字可以勾勒出中国的概貌，却无法展现出一个生动丰满的国家形象。

中国究竟是什么样子？那里的人们过着怎样的生活？中国从何而来，又将去向何方？世界对中国充满了好奇，中国也想更好地告诉世界。

一方水土养一方人。对每一位中国人来说，国家的归属感源于自己生长起来的那片土地。家乡不仅是地图上一个小小的坐标、几个简单的文字符号，还保留着一代又一代人成长的印记。那浓浓的乡音、忘不掉的乡愁，连接着过去、现在与未来。

中国人的脑海里，一个个独特的故事组成了真实鲜活的中国；而对每一位外国朋友来说，中国的形象是根据他们到访的每个地方建立的。无论是探访历史名城、感受风俗民情，还是游历名川大山、欣赏壮美风景，他们随处都能遇到真诚、勤劳、友善的中国人民。这些可爱的中国人民的故事，构建起他们脑海中可爱的中国。

中国地大物博、幅员辽阔。五千年的历史积淀着悠久绵长的文明精华，广袤的土地孕育着多姿多彩的地域文化。它们在历史的长河中历经沧桑、跌宕起伏，在民族融合和新时代发展中吐故纳新、熠熠生辉。这些地域文化凝聚着中华民族的精神、情感与智慧，构成了中华文化和而不同的多样化生态，也为中国故事提供了取之不尽的真实素材。

如今，世界经济正逐渐融合，文化交流随之亦趋于频繁。在文化交流的过程中，"讲故事"正成为中华文化走向全球的独特方式。精彩的故事既是国家形象的生动描写，也是吸引公众并使之信服的有效手段。语言是文化的载体，创新传播理念、通过讲故事的方式将中华优秀文化推介给世界，已成为国际中文教育的重要议题。为此，在教育部中外语言交流合作中心的大力支持下，集合国内外权威学者、以中国 34 个省级行政区为分卷主题的"故事里的中国"丛书编写由此展开。

本套丛书由教育部中外语言交流合作中心联合新航道国际教育集团共同策划，面向海内外青少年读者，旨在用讲故事的方式展现中国不同地域的文化与各地域古往今来的一些代表人物，为读者呈现一个鲜活立体的中国，满足新时代读者的阅读需求。

相较于其他故事类文化书籍，本套丛书具有以下特点。

第一，故事叙述力求创新。丛书在编撰上以小切口展现大图景，用小故事讲述真哲理，围绕"风物、习俗、艺术、人物、成就、精神"六大主题，呈现中国 34 个省级行政区的风貌，让读者在故事中领略中华文化的多姿多彩。

第二，由中、英、美三国专家联袂编写。丛书总策划之一胡敏教授（中国著名英语教育专家、新航道国际教育集团创始人）怀着传承、传播中华文化的强烈使命感，结合自己在教育领域 30 余年的探索经验，提出"用英语讲中国故事"的设想。在他的影响下，一大批熟谙中国文化的外籍专家加入丛书编写团队，如厦门大学美籍教授、CCTV 感动中国 2019 年度人物潘维廉博士，英国博雅教育专家斯明诚等。同时，丛书各地方主题分卷的中文主编均由权威的文化学者担任。在编写和出版过程中，丛书还得到诸多国际中文教育领域专家学者的悉心指导，收获了许多宝贵意见和建议。

第三，以中英文形式出版。丛书中文版编写完成后，由权威的翻译专家进行英文版翻译。每一篇英文翻译，都经过编写团队的反复打磨。值得一提的是，译文并不是逐字逐句的对照翻译，而是从语言、思维、内容三个层面出发，充分考虑英语母语者的表达习惯和思维方式，力求用最地道的英文讲述最精彩的中国故事。

第四，结合当代青少年的阅读需求，对丛书进行中英双语音频开发。读者可选择不同语言版本跟随音频进行朗读。

这是一次匠心独具的中华文化传播实践，它用故事筑底，以历史为经、山河为纬，编织出一幅精彩纷呈、波澜壮阔的中国画卷；这是一次中西合璧的中国故事生动演绎，它以地域为界、人物为魂，演奏出一曲跨越古今、纵横南北的文化长歌。

期待本套丛书的出版能为向世界展现真实立体、全面生动的中国形象贡献力量，为"讲好中国故事"提供更为丰富的资源。

"故事里的中国"丛书编委会

前言

上海位于中国东部，地处长江入海口，是一座世界级的城市。上海是中国最大的经济中心，吸引了国内外无数人的关注。上海，是一座令人神往的城市。

上海总面积 6340.5 平方千米，仅相当于北京的五分之二。但上海的经济总量很大，是中国的经济、金融、贸易、航运、科技创新中心，在国内和国际上都有着重要地位。上海是中国对世界开放的一扇大门，与世界各地区有着紧密的联系。一百多年来，上海人以宽广的胸怀接纳来自五湖四海的朋友，与他们和谐地生活在同一片蓝天下。

上海的发展壮大，是近千年来社会发展的结果。上海拥有深厚的近代城市文化底蕴，有众多的历史古迹。上海的文化精神是通过渐进的发展方式融合而成的，在不同时期呈现出不同的特征。今天的上海，仍然屹立在中国改革开放的前沿，能够不断创造出辉煌的明天。

一、上海文化具有深厚的底蕴

在上海这座时尚的国际大都市里，人流如潮、车水马龙。可有谁会想到数千年前，今天上海的大部分地区还是汪洋一片呢？

大约 6000 年前，先民们来到上海西部的冈身地区活动。后来，随着海岸线的东移，人们才渐渐向东扩展活动范围。

秦汉时期，上海地区先后属会稽郡和吴郡，分属海盐、由拳等县。海盐县城设在今金山区山阳镇附近。东汉时期，上海地区已有大族活动的身影。顾家在海盐县亭林里（今上海金山区），陆家在由拳县华亭（今上海松江区）。陆家最出名的有陆逊、陆机和陆云。陆逊封华亭侯，官至丞相，孙子陆机、陆云在中国文学史上享有崇重地位，是华亭山水养育了他们。

唐玄宗天宝十年（751 年），吴郡太守奏准设立华亭县，县治在今松江区。华亭的设立，标志着上海地区开始有相对独立的行政区划。唐宋时期的华亭县，为江南一个壮县，经济实力较强，文化发达。位于今青浦东北吴淞江南岸的青龙镇，是唐宋时期上海地区重要的对外贸易港口。南宋宁宗嘉定十年（1217年），在吴淞江北的练祁市设立了嘉定县。嘉定的士人重视文化活动，建园林、重科举和教育，重文风气逐渐形成。

"上海"这一叫法，最早出现于北宋文献中。北宋时吴淞江南岸有一条南北向的支流叫上海浦，流经后来上海县城所在的区域。北宋熙宁年间，在上海浦旁设"上海务"，专管酒务和税收。南宋时，随着青龙镇离入海口越来越远，海船改行至上海浦，政府正式设立市舶贸易机构，并设立上海镇，经济逐渐繁荣。元代至元二十九年（1292年），在华亭县东北境设上海县。

元代的上海县沿海有三大盐场，棉纺织业开始发展。上海港是元代重要的海运港口，大量南方粮食通过上海港输往北方。明清两代，上海地区行政区划也发生了较大的变化，崇明、青浦、娄县、宝山、奉贤、金山、南汇与川沙等相继设立，上海地区形成十县一厅的格局。

明清两代，上海是中国经济最富庶、文化最发达的地区之一。上海周围地区大量种植棉花，松江府成为全国棉纺织工业中心和销售中心，所谓"松郡棉布，衣被天下"。上海港的地位越来越突出，成为内河和远洋航运的中心。

上海的文化也日益繁荣，出现了一大批名满全国的大学者，徐光启便是其中之一；也涌现出一大批书画家，董其昌等人的书法、画风、画论，对后代书画艺术有很大的影响。

古代发达的区域文化，是今日上海发展之根。古代的上海重文、重教、重学术、重功名，对外来人口宽厚包容，这些都对后人产生了很深远的影响。

二、上海文化具有开放的胸怀

1842年，中英不平等的《南京条约》签订。1843年，上海开埠，经过英国和上海道谈判，英国领事馆进驻上海。1845年，《上海土地章程》正式公布，上海被迫向主要列强国家全面开放。先是英国在上海设立租界，不久美国人取得了和英国人同样的租地权，虹口成为事实上的美租界，法国人则在洋泾浜和上海县城之间建立法租界。

由于大批华人涌入租界，华洋杂居，租界内设立工部局以管理市政。此后英租界和美租界合并为公共租界，和法租界一起，不断扩张，总面积达48,000多亩（约32平方千米），成为近代中国规模最大的租界。

开埠初期,上海的人口只有20余万,至清末为129万。此后上海人口不断增加,至1949年,已达546万。上海本来只是一个县城,100年后却成为中国的一线城市。如此快速的人口增加,是各地人口迁入和融合的结果。根据1950年上海全市人口统计结果,上海原籍人口不到15%,其余都是非上海籍。涌进上海的人口中,以江苏、浙江最多,其次是广东、安徽和山东。来自五湖四海的人,共同为上海的建设作出了贡献。他们的生产方式、生活方式、文化心理,都是中华民族历史积淀的结果,是中华文化在近代发展进步的体现。上海丰富多元的文化也是中华文化不可分割的一部分。

上海在中外多元文化的影响下,逐渐成为了一个文化大熔炉。从开埠以后快速的发展,到建成繁华的"十里洋场",哥特式、罗马式、巴洛克式、中西合璧式建筑遍布全市,成为中外文化融合的标志。外滩的万国建筑博览群与中西结合的石库门建筑,交相辉映。徐家汇大教堂圣诗声声,静安寺香烟袅袅;老饭店的本帮佳肴,杏花楼的广式粤茶,红房子的法国大菜,老式弄堂里的老虎灶、茶馆,衡山路的酒吧,中西汇聚,各有各的精彩。

上海开埠后,交通便利,国内外商人云集,洋风华俗混生,实业兴盛,是一座有"不夜城"之称的大都会。近代的上海,不仅是中国发展最快的城市,在全世界,都有很大的影响力。

开埠以后,上海取代了广州成为中国的外贸中心,贸易额占全国的一半左右。上海也成为中国的交通运输中心。由于地理位置的优势,至20世纪30年代,上海成为世界十大港口之一。上海位于京沪、沪杭两条铁路的交会处,是中国陆路交通的重要枢纽之一。上海又是中国的金融中心。外资银行在开埠后纷纷来开设支行和分行,近有10余家外国银行与合资银行。20世纪50年代前,上海共有银行机构182家。上海更是中国的工业中心。20世纪上半叶,上海已有7700多家工厂,占全国工厂数量的60%;上海也是全国工业最发达的地区,拥有全国一半以上的产业工人。

上海是近代中国的文化中心。19世纪末以后,商务印书馆、中华书局等著名出版机构在上海诞生,编著了大量的新式教科书,同时又出版了许多中国传统典籍。从中小学教材,到《辞源》《辞海》《四部丛刊》《四部备要》和《百衲本二十四史》,上海是提倡新学的中心,同时又是弘扬中国传统文化的中心。此后,得益于江南制造局翻译馆的设立,大量的西方著作被翻译出版,上海翻译的西方译著占全国75%以上。

上海是中国著名的报刊出版发行中心，《万国公报》《申报》《新闻报》等知名报刊就在这里诞生和成长。上海也是文化传播中心和文化娱乐中心。上海是中国近代工业和中国工人阶级的发祥地，是马克思主义在华早期传播的主要中心，中国共产党的第一次全国代表大会就在上海召开。

自从电影传入中国，上海的电影制作占全国一半以上的份额。大量的剧院、电影院诞生、成长在上海，促进了京剧、昆曲、越剧、沪剧和滑稽戏等各种戏曲在上海的兴盛。

上海还是中国教育的中心。1863年设立的上海同文馆（后改名上海广方言馆），是上海第一所官办新式学堂。在近代上海，出现了众多的高等院校，如圣约翰大学、大夏大学、沪江大学、光华大学等。上海是许多著名教育家从事教育活动的重要基地，蔡元培、黄炎培、陶行知等长期在上海开展教育实践活动，在此期间，一些西方教育理论逐渐传入。

在近代上海，无论是经济还是文化，都经历了一个交流、切磋和融合的发展过程，大量的异质文化交织在一起，复杂纷繁。近代上海是一个物欲横流、纸醉金迷、光怪陆离的超级都市，十里洋场是冒险家的乐园，丝质的旗袍，飞沫的红酒，明暗的光影，落寞的男女，还有永远旋转着的老式唱机。在这些表象的背后，我们可以看到上海是一个讲求文化品位、生活质量的都市，是一个充满着梦想、充满着期待的城市。

一百多年来，上海在风云变幻中不断发展壮大。

三、上海文化会走向辉煌

上海是座充满着希望的城市，这里充斥着奋斗者的梦想。

1949年以后，中国社会发生了翻天覆地的变化，经济结构的变革导致了文化发展呈现出不同的特点。这一时期，上海主要服务于全国社会主义经济建设，经济发展较快，成为国家重要的工业基地，取得了很多成就，为国家提供了十分之一的工业产值、六分之一的财政收入。但这一阶段，上海的文化发展放缓，商务印书馆和中华书局相继迁出上海，上海由全国性文化中心变为区域性文化中心。

1978年以后，上海进入改革开放的新时期，特别是20世纪90年代浦东开放后，上海的发展迎来了新的契机。随着经济的发展，上海城市建设取得惊人的成就，黄浦江上大桥一座座建成，高架路、高速公路通向全市各地，外滩、人民广场、徐家汇、南京路、淮海路等地区先后改造，东方明珠、上海博物馆、上海图书馆、上海体育场、上海科技馆等文化设施陆续建成。一个现代化的上海出现在人们的眼前。

近20年来，上海的经济和文化建设发生了重大变化。上海的城市建设者们意识到，一个真正的国际级城市，要有人文的关怀，要加强历史文化遗产的保护利用和非物质文化遗产的保护传承，因此更新城市功能的同时要更加注重历史文化遗产的保护，加大对文物保护单位、优秀历史建筑的保护力度，比如对老城厢历史文化风貌区、石库门、新式里弄等上海特色历史建筑的保护，注重整体规划、成片成街坊的保护。

此外，上海城市文化设施大量兴建，从市区到城市副中心，区域布局得到优化均衡。上海国际舞蹈中心、上海历史博物馆、上海图书馆东馆、上海大歌剧院等标志性重大项目或已建成开放，或即将建成。

上海组织了众多重要品牌节展与赛事活动，向世界传递"上海声音"。上海国际电影节、中国上海国际艺术节、上海之春国际音乐节等具有风向标作用的全球性重大文化节庆活动的举办，扩大了上海的国际影响力。如今，上海已成为具有全球影响力的世界著名旅游城市，上海迪士尼乐园、上海海昌海洋公园建成开放，吴淞口邮轮港成为亚洲第一、全球第四大邮轮母港。

入夜，从南京路往东看，绚丽的霓虹灯呼应着金茂大厦和东方明珠的辉煌，外滩秀丽的景色让人深深陶醉。迷人的夜色下黄浦江波光粼粼，过往的船只仿佛江面上的点点星光，两岸鳞次栉比的建筑群隔江相望，交织着近代的沧桑和当代的希望。

上海是一座安静的城市，一座儒雅、高贵的城市，它不张扬，不喧哗，但上海又是一座繁华的城市，一座朝气蓬勃的城市，一座奋发有为的城市，一座充满着可能的城市，一座不断前进的城市。今天的上海，基本建成国际经济、金融、贸易、航运中心，已形成具有全球影响力的科技创新中心基本框架体系，将加快建设具有世界影响力的社会主义现代化国际大都市，朝着成为卓越的全球城市这一目标迈进。未来，上海将成为一座真正的世界城市，一座一流的国际文化大都市。

既怀旧又现代，既有东方神韵又有西方风味——上海，这一座活力十足的城市，焕发着迷人的风采，典雅雍容，令人向往。

目录

壹 上海·风物

- 3 导言
- 4 苏州河　上海的母亲河
- 7 松江府　衣被天下
- 10 黄浦江　上海的地标河流
- 13 龙华寺　千年古刹，桃李掩映
- 16 外滩　万国建筑博览群
- 19 大世界　哈哈镜里的欢乐天地
- 22 十六铺　上海的水上门户
- 25 兴业路　革命的初心之地
- 28 南京路　中华商业第一街
- 31 人民公园　从跑马厅到相亲角
- 34 朱家角　淀山湖边的江南古镇

贰 上海·习俗

- 41 导言
- 42 三黄鸡　舌尖上的五百年
- 45 吃青团　寒食长阳气
- 48 行盘　日新月异的聘礼
- 51 过冬至　知是明朝冬至天

54　送灶神　年的开始

57　斗蟋蟀　"将军们"的会面

叁　上海·艺术

63　导　言

64　沪剧　一剧天然万古新

67　滑稽戏　笑的艺术

70　《梁祝》　交响乐中的凄美爱情

73　月份牌画　市民生活的时尚

76　越剧　天上掉下个林妹妹

79　浦东说书　中国说唱艺术

81　顾绣　女中神针

84　金山农民画　江南乡土艺术新苗

87　崇明灶花　万家烟火仍留香

肆　上海·人物

93　导　言

94　陆机　百代文宗

97　黄道婆　棉布业的始祖

100　徐光启　中西文化会通的先驱

103　侯黄二先生　国乱显忠臣

106　鲁迅　内山书店里的身影

109　张元济　中国出版业第一人

112 刘海粟　不循规蹈矩的画家

115 巴金　中国文学的良心

118 王安忆　上海城市故事的书写者

伍　上海·成就

125 导　言

126 石库门　中西合璧的住宅

129 豫园　龙墙内的江南园林

132 古猗园　名园依旧风流在

135 《申报》　上海滩报业传奇

138 江南制造局　中国民族工业的摇篮

141 南翔小笼包　百年笼香

144 吴淞铁路　中国最早的火车道

148 海塘　守护上海的"长城"

151 嘉定竹刻　以刀代笔

陆　上海·精神

157 导　言

158 风雨同舟　犹太难民的庇护港湾

161 海纳百川　历史脉络中的碰撞和交融

164 追求卓越　永无止境的创新动力

168 开明睿智　精致生活里的生存智慧

172 大气谦和　国际都市的广博胸怀

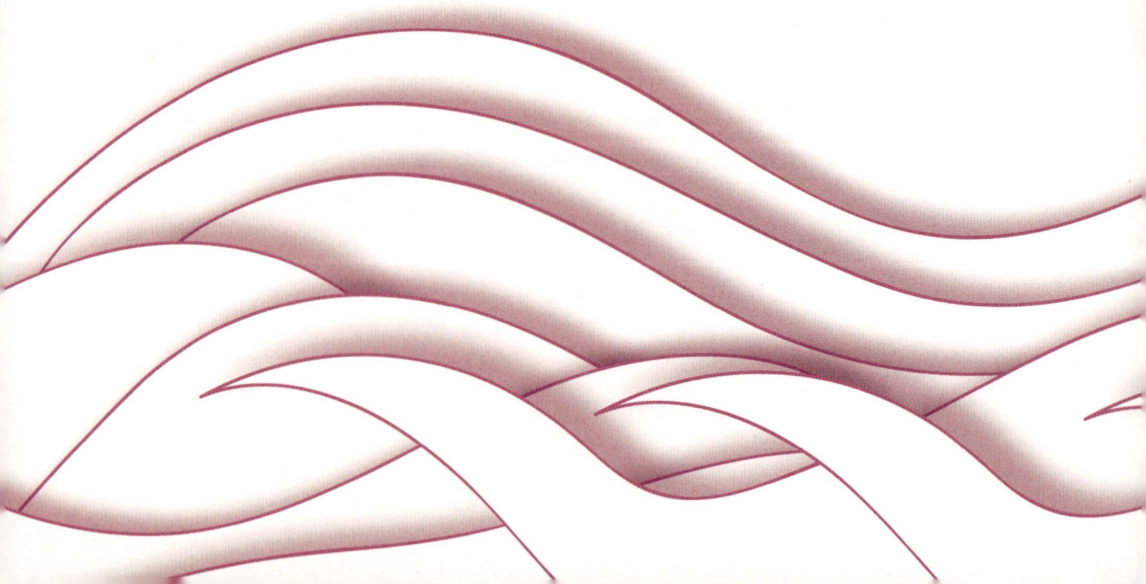

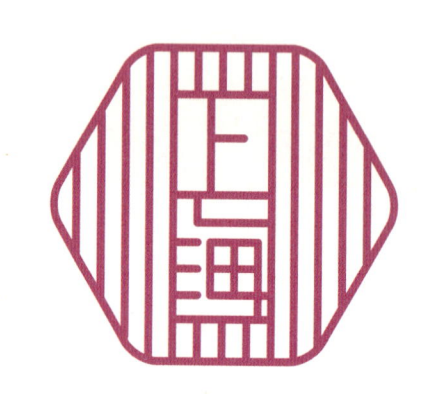

壹

上海·风物

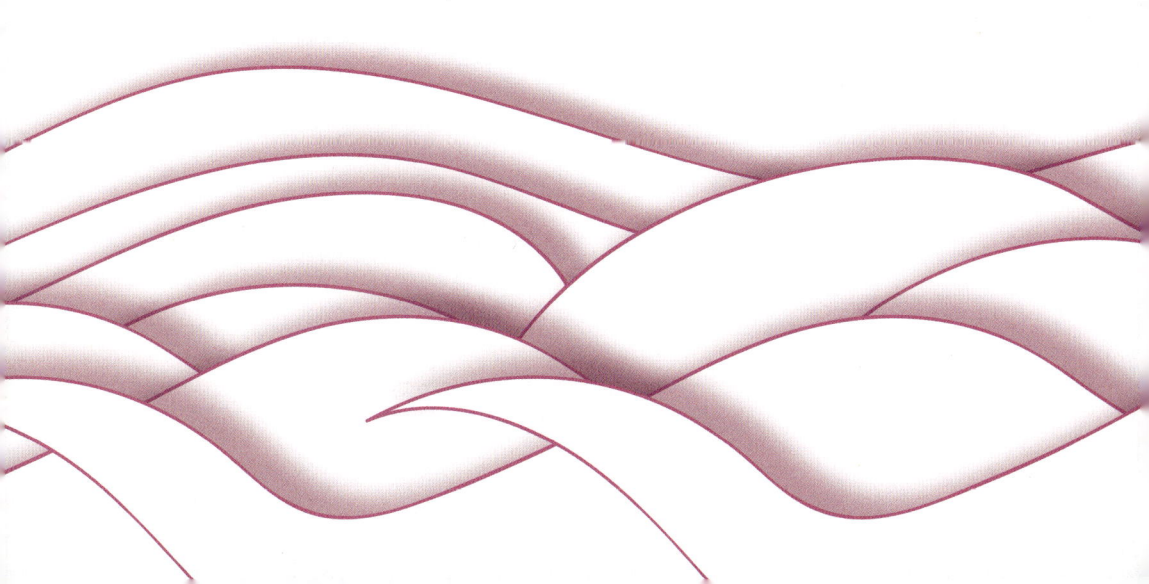

壹　上海·风物

导　言

上海，襟江带海，腹地广阔，与江浙为邻，文化血脉相连。上海因其独特的地理位置，成为中国传统文化和西方现代文明碰撞的前沿，逐渐形成自己的特色。昨天的上海，有着吴地悠久的历史积淀；今天的上海，是一座现代化的大都会，是中国的经济中心。

唐玄宗天宝年间设立的华亭县，是上海地区第一个独立的县级行政单位，标志着开发上海地区的脚步由此加快。到了明代，松江府"衣被天下"，是东部沿海地区最重要的棉布生产和交易中心之一。位于上海南部的千年古刹龙华寺，以其静谧和古朴成为一大名景。

上海境内流量最大的河流是黄浦江，它不仅是上海的黄金水道，也是上海的地标河。它将浩浩荡荡的太湖水引向大海，促进了近代上海交通业的兴起，以及沿岸工业的蓬勃发展。

在土生土长的上海人心中，不及黄浦江澎湃的苏州河更显"烟火气"。它就像一位温柔慈爱的母亲，河水潺潺，流经生命的不同阶段。

自1843年开埠以后，上海成为中外冒险家的"乐园"，外商资本、民族资本纷纷涌入。他们从上海的水上门户十六铺码头登陆，开启了他们的掘金时代。十六铺承载着上海众多的历史人文记忆，也是上海这座港口城市昔日繁华的缩影。

在黄浦江西岸的外滩，一幢幢风格独特、充满异域风情的大楼拔地而起，被称为"中华商业第一街"的南京路步行街见证了这个城市的剧变，也见证了近代中国娱乐综合体先河——上海"大世界"的辉煌。

上海也是红色文化的诞生地。一百多年前，在上海法租界望志路106号召开的中国共产党第一次全国代表大会为中国带来了翻天覆地的变化，开启了中华民族浴火重生的命运征途。改革开放以后，特别是浦东开发开放以来，上海人率先解放思想，敢为人先，在浦东大地建成了一个个经济、金融、贸易的中心。

上海的市中心有一座著名的人民公园，历史悠久。人民公园里的老年朋友们聚在一起交换着家里单身年轻人的信息，造就了"人民公园相亲角"这一道独特的风景线。

位于上海市青浦区的朱家角古镇，历史悠久，依水而盛，是上海的历史文化名镇。

如果你想了解上海历史的来龙去脉，就随着我们的故事一一认真看下去吧。

苏州河

苏州河

上海的母亲河

人们初到上海，听到苏州河，会下意识地以为这是一条苏州的河流。但实际上，它是吴淞江流经上海地区的一段。之所以叫苏州河，是因为自近代上海开埠以来，英国人发现从上海坐船逆江而上，就可以抵达中国当时的纺织业中心——苏州，日久天长，人们也就习惯称它为"苏州河"了。

在没有公路、铁路的年代，苏州河就是上海的主动脉和生命线。唐宋时期的青龙镇、元明以来的上海老县城，都曾依托这条河流得以成长、繁荣。进入近代后，大量公共建筑在苏州河下游东段出现，下游的中段和西段沿岸则陆续开办了煤气、面粉等各类工厂。

相比上海的另一条重要河流——黄浦江，流水潺潺、蜿蜒曲折的苏州河虽然没有那么宽阔澎湃，但却显得更接地气。对于一代又一代的上海人而言，苏州河就像一位温柔慈爱的母亲，孕育了他们的人生。

时间拉回到几十年前，郑有华是一名普通的上海青年，他出生在苏州河畔一条不起眼的弄堂里。有华的父母工作繁忙，常把他送到附近的外婆家，请外婆代为照顾。在有华的记忆里，外婆每次都会唱着一首童谣哄他入睡："摇啊摇，摇啊摇，摇到外婆桥，外婆叫我好宝宝，一块馒头一块糕。……"

那时有华一直以为，外婆唱的"外婆桥"就是那座架在苏州河与黄浦江交汇处的大铁桥。直到后来上了初中，他才知道，那座大铁桥名叫"外白渡桥"。只不过在上海方言里，这几个字听起来和"外婆（大）桥"像极了。

关于外婆家的美好记忆还有很多。比如放学后沿着苏州河往家里走时，有华总能闻到河对岸的包子铺飘来的阵阵香味。再比如，外婆家旁边有一家中药铺，他们支在河边的药材锅子总是咕嘟咕嘟地叫着，负责抓药的是位银色头发的老奶奶，一看到有华就亲切地摸着他的头，感慨着有华又长高了，然后给他手里塞一把甜丝丝的甘草。

19岁那年，学习成绩优异的有华顺利考入了华东政法大学。这所学校的前身是建立于1879年的圣约翰大学，是中国近代第一所高等教会学府。苏州河在此有一个近180度的大转弯，形成一个半岛，校园就位于这个半岛上。在这里，有华如饥似渴地学习知识，同时，也遇到了他人生的挚爱。

这一天，大二的有华像往常一样独自从南校区赶往北校区去参加学生会活动。当他走到华政桥时，不远处传来了一阵悦耳但又透着些许慵懒的歌声。有华立刻就听出，这是《苏州河边》中的一段唱词，由陈歌辛作曲，原唱为姚莉、姚敏。这首歌当时传唱在上海的大街小巷,被誉为"春申小夜曲"。

有华好奇地向歌声传来的方向看去,只见一个穿着红色连衣裙的女孩坐在桥边的石凳上,望着苏州河的河水,轻轻地哼唱着这首歌。有华情不自禁地停下了脚步,但又不敢靠近,只是站在不远处,和女孩一起望着苏州河。几十年后回想起来,有华仍然觉得,这是他一生中看过的最美的落日。

后来,有华骑着车,载着这个女孩穿过了苏州河上的一座座桥——四川路桥、河南路桥……每到一处,有华都要告诉她那座桥的故事。他的生命因苏州河而变得丰富多彩,他迫切地想要把自己的人生故事分享给这个女孩。再后来,这个女孩成为了他的妻子。

很多很多年过去了,郑有华已经是一位白发苍苍的老人。每当天气晴朗、万里无云的时候,他总喜欢到苏州河边的公园走一走,追忆那些美好的青春年华。时过境迁,上海日新月异地变化着,每一天都有许多新鲜的事物出现,只有他脚下的苏州河水,一如既往地静静流淌着。

这是郑有华一生的故事,也折射了千千万万人的故事。他们在苏州河畔出生,在苏州河畔长大。如今的苏州河虽不再承担航运的重任,但成了上海市民休闲的好去处,她以自己的方式,默默滋养着这座美好的城市。

■ 蔡田雨

松江府

衣被天下

上海郊区的土布由手工纺织而成，因其质地粗糙，被称为"老布"。古时，纺纱织布曾是女性主要的工作和谋生手段。而到了今天，这种土布的染织技艺已成为非物质文化遗产。

2017年，上海市纺织工会和奉贤区总工会举办"老土布新穿法劳动竞赛"，一位项姓师傅在其作品《四世同堂》中，把土布文化完美地融入设计，获得风采展示一等奖。为了传承这项老手艺，近几年来，金山、崇明和嘉定等区也都采用竞赛活动、土布展览等方式，让有着数百年文化的土布走出乡村，成为时尚新宠儿。人们在生活中寻找土布艺术之美，在传承中追溯其往昔的光辉。

宋代诗人艾可叔有诗云："车转轻雷秋纺雪，弓弯半月夜弹云"，描写的正是古人忙于纺织的景象。每到冬季，古代松江府的妇女们便在纺车和土布机旁忙前忙后，将收摘好的棉花纺成纱，再织成一块块土布。此时，各家的宅院里"咔嚓、咔嚓"的布机声，和着鸡鸣狗吠声、孩童嬉闹声，显得雄壮、古朴、高亢，悠长而深远。

上海历来流传着一种说法："先有松江府，后有上海滩。"这里的"松江府"，其辖境相当于今上海市吴淞江以南地区。唐代天宝年间，设置华亭县；到了元代，又设立上海县。不久，设松江府管理两县。

松江府设立之初，松江地区就以社会安定、经济发达著称。在明代的《上海县志》中，松江府得到了"木棉文绫，衣被天下，可谓富矣"的美誉，

上海　兼收并蓄的活力之都

棉花

是全国最为重要的纺织中心之一。松江府原本以生产盐酒闻名，之所以有着"衣被天下"的称号，就不得不提到棉花这种重要的农作物。

南宋时，从事海外贸易的商船将外来的棉种带到松江地区，最早传入到上海县乌泥泾。乌泥泾的土壤不适合种植粮食，但却出人意料地适合棉花生长。

约在1295年，享有"纺织技术革新家"之称的黄道婆，带着先进的棉纺织技术从海南岛重返故乡上海县乌泥泾。她将在海南崖州学到的棉纺技术教授给大家，并将从崖州带回的纺织工具进行一番改进，大大提高了棉花加工的效率。

黄道婆改进的棉纺织技术，从乌泥泾迅速传至松江全府，随后又传遍了整个江南。经过元、明、清三代600多年的发展，以松江府为中心的江南成为全国经济最发达的地区。当时甚至流传着"买不尽松江布，收不尽魏塘纱"的说法。到了18世纪下半叶，松江府生产的棉布开始大量通过通商口岸广州远销欧洲。

世界近代贸易史中大名鼎鼎的"南京布"，其实并不是特指南京出产的棉布，而是泛指以南京为中心的广大江南地区生产的棉布——其中以松江府最为重要。最早从中国进口的棉布，在葡萄牙语和西班牙语里都被叫作"松江布"，直到英国商人的加入，才将它的名字改为涵盖范围更广的"南京布"。因其轻薄透气、亲肤性强的特点，"南京布"在18—19世纪的欧洲广受上流社会的追捧，是贵族在制作衣物时竞相使用的面料。在英国作家狄更斯的名著《匹克威克外传》、法国作家福楼拜的《包法利夫人》和大仲马的《基督山伯爵》中，都有着关于"南京布"的笔墨。

古代的上海人以开放包容的姿态从海外引进棉花，并因地制宜改进棉花种植和棉布纺织技术，最终创造了"衣被天下"的盛况；而土布又因其浓郁的乡土气息和鲜明的民族特色，在几百年间影响了一代又一代上海人的生活。

20世纪五六十年代以前，上海农村的姑娘人人都要学会织布，而且织成的一匹匹老土布作为嫁妆被放在樟木箱底带进夫家，日后丈夫和孩子们的衣服就要用这些土布制成。回想起过往，刚过了60岁的项师傅说，自己从小穿着土布长大，小时候的土布是家里值钱的东西，而如今，他希望通过自己的手艺让更多人认识土布，传承上海的纺织文化。

■ 蔡田雨

黄浦江

上海的地标河流

黄浦江是长江流入东海前的最后一条支流，也是上海市境内最大的一条河流，它被视作上海的地标河流。

"黄浦"这个名字的由来已难以知晓，但由于上海地区许多河流的名字都是以姓氏命名，如赵浦、李浦，又如赵家浜、俞家港等等，明代文人就因此推测"黄浦"的"黄"可能指的是战国时期楚国的宰相春申君黄歇。

相传，那时上海地区还是一大片沼泽，每当雨季到来，水患频发，百姓苦不堪言。于是黄歇主动请缨愿将封地改到江南地区，以便他治理水患，楚王欣然答应。

来到上海地区后，黄歇便对当地的环境展开调查，带领百姓开凿了一条新的水道，北接长江，西南通向太湖。从此，百姓不再受到水旱灾害的困扰，可安心劳作和生活。

为表达感激之情，当地百姓给这条水道起名"黄歇江"，又称"黄浦"或"黄歇浦"。黄歇又被称作"春申君"，所以黄浦江在当时又被称为"春申浦""春申江"或"申江"，而上海也因此有了"申城"的别称。

尽管此种说法并不能让所有人信服，但民间还是有不少人坚信，上海与春申君有着密不可分的联系。如今，上海的松江区有一座春申君祠堂，据说是春申君当年开凿黄浦江时的指挥所。祠堂附近有一个村子名叫春申村，村里直到现在还流传着一首讲春申君带人开凿黄浦江的儿歌："嘟嘟嘟嘟嘟嘟，爷娘去开黄浦江。回来又开春申塘，领头大爷春申君，住在伲村黄泥浜。"

明朝初期对于黄浦江的形成有确切记载。由于吴淞江泥沙淤积情况严重，太湖流域多次发生洪涝灾害，明朝皇帝朱棣便派遣一位名叫夏原吉的官员前来治水。夏原吉决心彻底解决水患问题，于是下令挖深拓宽吴淞江的一条支流——大黄浦（清代始名黄浦江），以引入周边河流的河水。经多年的疏浚治理，大黄浦终于成为一条浩浩荡荡的大江，直通大海。

黄浦江经人工加宽，逐渐取代吴淞江，成为上海的第一水上大动脉。明清时期，黄浦江畔的港口成了全国重要的商贸港口和粮食转运中心，上海因此被誉为"江海之通津，东南之都会"。

黄浦江

上海　兼收并蓄的活力之都

1843年开埠后，上海凭借黄浦江在航运和水资源方面的优势，以及自身的经济实力与城市地位，迅速成为国际航运枢纽。全球各大航运公司纷纷在上海设立分公司或办事处，从上海往返于国内外的航线多达100余条。1931年，上海港进出口船舶吨位位列中国第一、世界第七。五年后，载重约4.23万吨的英国"不列颠皇后"号巨轮驶入黄浦江，上海迎来了近代抵达上海港的最大轮船。

黄浦江不仅给上海带来了繁盛的航运业，还推动了其他行业的发展。黄浦江畔先后出现了中国最早一批的水厂、电厂、煤气厂及造船、钢铁、纺织、电机、木材和制皂等几十家企业，是中国近代民族工业的发祥地之一。与此同时，市政建设也依江而兴，在外滩一带，先后建成了诸多风格各异的高大建筑，形成了举世闻名的"万国建筑博览群"。

上海以黄浦江为界，划为浦东和浦西两片区域。浦西发展较早，保存着大量古老的建筑、街道和弄堂，呈现出老上海的底蕴和情调；而浦东则在改革开放后进入了快速发展阶段，东方明珠、上海国际会议中心、金茂大厦等建筑陆续拔地而起，陆家嘴成为上海乃至全球重要的金融中心，给上海增添了无穷的活力。

时光飞逝，黄浦江昼夜奔涌不息，见证着上海从江南地区一个名不见经传的小县城，发展成为如今海纳百川的国际性大都市。

■ 蔡田雨

壹　上海·风物

龙华寺

千年古刹，桃李掩映

龙华寺位于上海市的南郊，黄浦江的西面。寺庙周围桃李成林，每当阳春三月草长莺飞之际，桃花便竞相开放，远远望去，宛若一片绯红的云霞。

据佛经记载，弥勒菩萨曾在龙华树下悟道成佛，并在此树下讲授佛法。"龙华"之名由此而来。

相传1700多年前，西域康居国有一位高僧康僧会，前来拜见东吴君主孙权，试图劝说他皈依佛门。然而，孙权不以为意："按照经书说法，佛祖生活在遥远的异国他乡，已经离开人世数千年，没有什么证据能够表明佛祖有特殊的神力，民间流传的灵验故事很多，只是以讹传讹罢了。"

康僧会微微一笑，面色从容地回答道："既然你认为那些灵验故事都不足以令人信服，那么你是否听说过，佛祖逝去之后，他的身躯在火化时会形成很多舍利？这些舍利凝聚了佛祖修行的成果，比石头还要坚硬，并且会散发出无比耀眼的光芒。这就是佛祖神力的证明。"

听到这里，孙权半信半疑，说道："世上竟然还存在这样的宝物吗？可我怎么从来没有见过呢？"康僧会微微摇头，说："只有信徒怀着最虔诚的心向上天祈祷，佛祖才会施展神力赐予他舍利。"

"好！如果高僧能够求来舍利，那我就愿意从此皈依佛门，并且修筑佛塔。"孙权说着，点了点头。随即，他命人给康僧会准备一间安静的房屋，屋子里摆放着一个专门用来盛放舍利的瓶子。孙权也不忘

龙华寺

说道："如果高僧不能求来舍利，或者舍利不像高僧所说的那样神奇，这可是欺君之罪。"

为防止康僧会弄虚作假或暗中逃走，孙权命专人看守他。康僧会将自己关在房间里，每日虔诚地祈求佛祖显灵，希望佛祖赐予他舍利来帮助他弘扬佛法。最终，康僧会凭借一颗虔诚真挚的心打动了佛祖，舍利终于出现在房间中的瓶子里。听说康僧会求得了舍利，孙权赶紧前来查看，只见瓶中舍利璀璨夺目，将整个房间照得亮如白昼。

目睹这样神奇的景象后，孙权大为叹服，从此对康僧会信敬有加，并信守承诺，精心挑选了一块水天一色、幽静典雅的修行宝地，为其修筑佛寺和佛塔。传说中的这座佛寺便是龙华寺，佛塔就是龙华寺中的龙华塔。不过，也有人说龙华塔是孙权为其母亲祈福而建，所以又名"报恩塔"。

有关龙华寺建庙的传说众说纷纭，在唐代时，龙华寺的名声就已十分显赫。诗人皮日休在《龙华夜泊》一诗中写道："今市犹存古刹名，草桥霜滑有人行。尚嫌残月清光少，不见波心塔影横。"古刹在诗人的心中，挥之不去。

唐代末期，战火纷飞，龙华寺受损严重。宋太平兴国二年（977年），吴越王重建龙华寺。到了北宋年间，龙华寺一度改名为"空相寺"，并在宋元交替之际再次毁于战火，待明代重建后，恢复了"龙华寺"的本名，成为上海地区最著名的寺院之一。明朝神宗皇帝敕赐的"龙华三宝"——《大藏经》、鎏金毗卢遮那佛像和金印，至今仍珍藏在寺内。

时光流转至今，龙华寺身处城市的繁华，以其千年的静谧和古朴成为沪南一大名景。步入龙华寺，迎面而来的是弥勒殿，大殿里供奉的大肚弥勒脸带微笑，心怀救人济世的慈悲。再往里走，便如同走进了时光隧道。每到傍晚，寺里的钟声便会敲响，夕阳西下，雄浑悠扬的钟声穿过落日光华，回荡在城市的大街小巷。寺外是七层八角形的龙华宝塔，高翘的飞檐下悬挂着56只铜铃，微风吹过，叮当作响，清脆悦耳。这幅令人赏心悦目的景象自古以来就已绘就，而时间似乎不曾在此留下衰败的迹象。

今天，"迎新春撞龙华晚钟"活动已经成为上海一项家喻户晓的新年盛事。每年除夕，人们相聚龙华寺，祈福祷告，随着寺庙钟声的响起，新的一年便在人们的美好愿景和无限希望当中如期而至。千年古刹龙华寺，也在阵阵钟声中，巍峨矗立，见证着岁月交替。

■ 蔡田雨

外滩

万国建筑博览群

1842年，第一次鸦片战争以后，中英签订不平等条约《南京条约》，五口通商，上海是其中的一个口岸城市。到了1845年，南起延安东路、北至苏州河上的外白渡桥、东临黄浦江的外滩被正式划为英国租界。自此，外国的银行、商会、报社在此云集，黄浦江边的外滩成为了中国乃至整个远东地区重要的金融和商贸中心。

随着外滩的日益繁华，建筑市场的需求也越发旺盛。1912年，一位伦敦建筑师受公司委托，从香港来到上海设立分公司，主持大名鼎鼎的建筑设计事务所公和洋行的相关工作。这位建筑师就是当时32岁的乔治·威尔逊。

当时活跃在东南亚的保安保险公司联合多家保险公司要兴建大楼，这便是威尔逊到上海后接到的第一个任务。资产雄厚的保安保险公司要求这栋建筑能充分体现其雄厚的公司实力，不仅要规模宏大，还要兼顾美观和实用性。

这样的要求看上去并不复杂。然而，对于威尔逊来说，仅设计出刚好满足雇主需要的建筑是不够的。像他这样一个初来乍到的年轻人，要在上海闯出一片天地，就必须尽可能使自己在上海的建筑"首秀"赢得所有人的关注和认可。

再三思考后，威尔逊最终设计出了一栋与外滩其他建筑截然不同的大楼：这栋六层高的建筑采用了最先进的钢框架结构，通体呈石灰色，一楼

外滩夜景

主入口的两侧矗立着巨大的花岗石柱，穿过石柱即可进入宽阔明亮的门厅；二楼到五楼是标准的办公场所；六楼则是带有花园的高级公寓，居住其中的客人既可居高临下欣赏黄浦江的美丽风景，又可远离街道人来车往的喧嚣。不仅如此，在楼顶转角处，威尔逊还别出心裁地设置了一个方形塔座和一座钟楼形的小阁，给整栋大楼增添些许尊贵高雅的气息。

保安保险公司对威尔逊的设计方案十分满意，随后，这栋大楼便正式开工。这座建筑于1916年建成后引发了不小轰动，甚至连《远东时报》都专门发文赞扬："建筑的线条十分美丽，结构也优雅到了极致。对于公和洋行的建筑师来说，实在是一座值得纪念的丰碑。"

大楼投入使用后，英国的有利银行长期租用底层营业，因此这座大楼又被人们习惯性地称为"有利大楼"。

名声大噪的威尔逊并没有满足于此，而是带领公和洋行的同事们继续在外滩大展宏图。他先后设计了许多风格迥异但引人瞩目的建筑，比如黄浦江畔占地面积最大、规模最恢宏的英国新古典主义希腊式建筑——汇丰银行大楼，以及庄严典雅、宛如帕特农神庙的海关大楼等。

尤其值得一提的是1932年落成的河滨大楼，是近代上海最大的公寓楼。此楼为商住两用，建造时公和洋行的设计师依据投资人沙逊（Sassoon）的姓名首字母将大楼设计成S型，这在当时是绝无仅有的。河滨大楼在建成后被称为"亚洲第一公寓"，暖气、电梯、消防泵等现代设施一应俱全，中外著名企业、机关团体等都曾慕名而来，在此建立自己的办事机构。

当威尔逊和他所属的公和洋行在外滩大放异彩的同时，其他的建筑师们也不甘示弱，纷纷拿出看家本领，在外滩留下浓墨重彩的一笔。如1930年，匈牙利籍建筑师邬达克以19世纪20年代的美国摩天大厦为范本，设计建造了真光、广学两栋大楼；1933年，美籍华人李锦沛吸收中国传统装饰特色，设计了一栋9层钢筋混凝土结构的建筑，后来成为中华基督教女青年会全国协会总部的所在地；1937年，完全由中国人自己设计和建造的大楼——中国银行大楼正式建成。

随着越来越多的外国建筑师前来淘金，外滩这片神奇的土地成了他们施展抱负的大舞台，一座座风格迥异、交相辉映的建筑拔地而起，继而形成"万国建筑博览群"的壮观景象。它们共同勾勒出外滩别具风情的天际线，一起见证上海这座城市中西合璧的独特风情和兼收并蓄的博大胸怀。

■ 蔡田雨

壹　上海·风物

大世界

哈哈镜里的欢乐天地

2019年7月22日，上海市黄浦区中医药文化主题活动在上海"大世界"启动，在它的二楼则设立了黄浦区中医药文化成果主题展。通过20多项中医药项目，主题展讲述了上海海派医药的百年历史，让参观者得以全方位了解海派中医的发展脉络。该活动选址"大世界"，颇有讲法。"大世界"附近的八仙桥地区原是海派中医的重要发源地，20世纪二三十年代此地有多达60间诊所药店。

上海"大世界"于1917年7月14日开业，是个设有剧场、影院、说书场、商场、杂技台、餐馆等多种项目的娱乐综合体，开张不久就吸引了大量的游客。在当年，"大世界"以先进、时尚的设计理念和丰富的娱乐设施名扬海内外，成为上海娱乐场所的龙头。上海"大世界"和它的创办者黄楚九一时间为人津津乐道。

黄楚九生于1872年，浙江余姚人，父母都是中医。他的父亲医术精湛，尤其擅长治疗眼病。黄楚九打小就跟在父母身边，自然对中医有所了解。15岁时父亲去世后，他便和母亲来到上海。到上海后，母亲送黄楚九进入清心书院读书，希望他能通过读书获得更好的生活。但后来，黄楚九中途辍学，跟母亲一起上街摆摊，卖眼药为生。不久，他们开了一家小药店。

黄楚九很有销售天赋，意识到仅靠卖眼药难以养家糊口，很快就找到了新商机。他发现上海爱抽烟的人不少，但这些人又担心抽烟对身体危害

"大世界"夜景

大，于是他研制出一款"戒烟丸"。为了推广眼药和"戒烟丸"，他免费为周围人治病，既赢得了口碑也赢得了市场。

1923年，他推出新药"百龄机"，在宣传上狠下功夫，花钱找人在报纸上每天写一篇宣传稿，包机在上海上空散发宣传单，制作画册介绍药品疗效。1926年，黄楚九药店的营业额高达120万元。但黄楚九并不满足于此，在销售药品的同时，他在商业领域也涉猎广泛。1915年底，由黄楚九担任总经理的"新世界"游乐场开张。游乐场内设有多个分场，娱乐活动丰富时尚。

当"新世界"的生意欣欣向荣之际，他的合伙人经润三溘然去世，经润三的遗孀和黄楚九产生内讧，最终黄楚九选择退出"新世界"，并决心建造一个更大的游乐场。

很快，他集资 80 万，选址西藏南路和延安东路的交叉口，用时仅 4 个月，占地 14,700 平方米的"大世界"正式落成，规模是"新世界"的两倍。"大世界"几乎保留了"新世界"的所有项目，不同的是，"大世界"的戏剧演出更注重质量，常有梅兰芳、孟小冬等圈内大腕前来演出。在"大世界"，每天有几十个剧团表演，满足不同层次观众的需要。

"大世界"在吸引游客上做足功夫，做到了中西结合。他们不仅给每一个重要设施和景观取文雅的中国名字，如飞阁流丹、旋螺阁之类，还引进了国外电影，甚至在露天场地还有高空飞船等新奇设施吸引儿童。"大世界"还设有 12 面"哈哈镜"，站在镜子前，人可以变换高矮胖瘦，常常引得游客哈哈大笑。

成立最初十多年，"大世界"每天接待游客数千人，排队购票的长龙望不到尾，几百米的队伍几乎每天可见。1931 年，黄楚九病故，"大世界"易主黄金荣，但经营模式不变。

中华人民共和国成立后，"大世界"几经改名，最终在 1987 年定名"大世界游乐中心"，主要由"游乐世界""博览世界""竞技世界""美食世界"四个主题组成。20 世纪 90 年代初推出的"竞技世界"中的"大世界擂台"及吉尼斯纪录擂台赛，吸引了众多绝技高手，引起了强烈反响。

"大世界"开创了近代中国娱乐综合体的先河，也承载了上海的历史和文化记忆，是极具特色的上海文化地标。有句话说："不到大世界，枉来大上海。"如果您来上海，一定不要忘记来这里。

■ 王嘉炜

十六铺

上海的水上门户

在上海静安区的陕西中路和延安南路的交界处,有一座特别的建筑,它高高的塔楼、尖尖的屋顶,散发着浓浓的艺术气息,它藏匿在城市森林的车水马龙之中,这便是 1926 年英国籍犹太人爱立克·马勒建造的一幢别墅,是一座有着"安徒生童话城堡"般意境的建筑。

这座别墅,据说跟马勒女儿的一个梦有关。在梦里,他的女儿看到了一座非常漂亮的大房子,房屋的样子像极了漂浮在海上的轮船,赭红色的外墙上镶嵌着各色瓷砖;在房间里能看到海浪、海上日出,还有铺满一地的海藻……

马勒非常疼爱女儿,决定按照她的梦修造一座别墅。历时九年,这座别墅终于建成。当然,马勒修建别墅也是为了纪念他的家族登陆中国上海这座海港城市。

马勒的父亲赉赐·马勒是 1859 年来到上海的。深谙财富经营之道的老马勒在靠赌马完成财富的原始积累后,迅速转向实业,经营起航运、船舶修理等业务。到爱立克·马勒继承家业时,马勒家族治下的公司已拥有 17 艘从事海上运输的海运船,马勒也成为上海滩洋人里的三大巨头之一。他的船从十六铺码头装货卸货,往返于世界各地,可以说他们家族的海运生意与十六铺码头有着密切联系。

十六铺的商贸发展在北宋时期已初见雏形,当时在吴淞江下游有一条名叫上海浦的支流,沿岸形成了一些聚落,常有渔民、盐民、农民等到此

马勒别墅

交换商品，饮酒聚会。但"十六铺"这个地名的出现是在清朝的咸丰、同治年间。面对太平军的进攻，上海的地方官员搞起了团练组织（古时地方民兵制度，是指在乡间的民兵，亦称乡兵），他们计划让上海城厢内外的商号建立27个联保联防的"铺"，铺内治安、公事均由各商号共同承担，但因种种原因实际上只划分了16个铺。南市小东门外黄浦江沿岸就属于十六铺。

上海开埠后，被称为"东方巴黎"和"冒险家的乐园"。当时的十六铺，作为中国南北海运的枢纽，活跃着大量的外来殖民者、冒险家和商人；铺内还有大学、医院、邮局、银行等设施，是上海最繁荣的地区之一。从十六铺登陆上海的，不止外国人，还有许多来自中国各地的百姓，苏州人、南通人、宁波人、武汉人、重庆人、温州人……他们纷至沓来，怀揣各自的梦想，其中也不乏家徒四壁、为了生计逃离故乡的贫苦百姓。

老徐是苏北人。苏北发大水，把老徐家的土地和房舍全给淹了。1943年秋，为了糊口，他随着人群从十六铺上了岸。老徐十分喜欢十六铺附近的环境，几经周折，就在这里安顿下来。开始他在一家裁缝铺当学徒，后结识浙江舟山人、培罗蒙服装创始人许达昌，进入了他创办的服装公司，成为一名熟练掌握服装制作工艺的手艺人。过去在逃难的路上，老徐不曾奢望吃口饱饭之外的事，但通过他的辛勤劳作，赚钱、买房、娶妻、生子，都一一照进了他生命的现实。跟老徐一样，很多外地人来到十六铺追寻他们的梦想。开始是搬运工、泥瓦匠、水果商，但慢慢地，他们中的一些人在这里扎根落户，融入上海的世纪大发展。

抗日战争中，十六铺遭到日本飞机轰炸，很多地方成为废墟，大小商号就此搬离。20世纪80年代，十六铺码头经过扩建，成为全国最大的水上客运枢纽。但随着陆路运输的发展，水运逐渐衰落。2001年，这里的最后一班客运停航，十六铺码头完全退出客运市场。2010年上海世博会期间，经过整修的十六铺码头重新亮相，成为游客到上海旅游的重要"打卡"点。

十六铺，是上海航运史上尤为繁华的一章，见证了近代上海商贸交流的全过程，也见证了上海从小渔村走向繁华大都市的全过程，可谓是上海作为港口城市变迁的缩影。作为曾经最著名的码头、上海的水上门户，今天的十六铺依然保留着大量的上海记忆。

■ 王嘉炜

壹　上海·风物

兴业路

革命的初心之地

每年，上海师范大学人文学院的青年学生都会来兴业路参观，负责学生工作的王雅婷老师都会随行，正像她大学时代的老师那样。这里看起来和上海市中心的其他地方没什么两样，但这却是一条改变中国历史进程的道路。王雅婷说，每次来到这里便会想到，一百年前那帮年轻人为了使中国百姓过上幸福生活，宁愿牺牲自我，这种大无畏精神，令她钦佩不已。

兴业路一百年前属于法租界，1914 年修建时取名望志路（Rue Wantz），是由法国工程师望志的名字音译而来，到了 1943 年才更名兴业路。兴业路的房子多为石库门建筑，这种建筑采用中国江南地区传统的三合院或四合院的样式修建而成，中间是堂屋，两侧是厢房，一般两层楼高。位于当时望志路和贝勒路（今黄陂南路）西北转角的树德里，看似普普通通，和周围新修的里弄并无二致，但没人料到，会有一个政党在这里秘密成立，在日后给中国社会带来翻天覆地的变化。

1921 年 7 月，正值上海夏天最炎热之时，望志路 106 号（今兴业路 76 号）秘密聚集了十几位年轻人。他们来自中国各地，有上海本地的李达、李汉俊，北京的张国焘、刘仁静，长沙的毛泽东、何叔衡，武汉的董必武、陈潭秋，济南的王尽美、邓恩铭，广州的陈公博，旅日的周佛海，还有受陈独秀委派的包惠僧。他们平均年龄只有 28 岁，代表当时中国最早的五十多名共产党员出席此次会议。

但会议开到一半，就发生了意外。7 月 30 日晚，会议室闯入一名陌生

中共一大会址

男子，他一见满屋是人，马上声称走错地方，并借机离开。所幸现场的代表十分警觉，立即停止会议，分头离开，消失在夜幕之中。十几分钟后，法国巡捕赶到，对会场进行包围搜查，但此时已人去楼空，他们一无所获。十几位参会代表陆续转移到浙江嘉兴南湖的一条游船上，这一历史性的大会在被迫短暂休会后最终顺利闭幕。

早在中国共产党第一次代表大会召开之前，中国数地就建立了中国共产党早期组织，学习和传播马克思主义，在工人比较集中的地方组织开展运动。望志路 106 号的这次会议，宣告了中国共产党的诞生，中国革命的面貌从此焕然一新。会上通过了《中国共产党第一个纲领》，规定本党定名为"中国共产党"，表明中国共产党是一个全国性的政党，奠定了党的前进方向。

而兴业路76号那幢石库门也被载入史册。1952年，中共一大会址修复，建立纪念馆并对外开放。2017年10月31日，在党的十九大胜利闭幕一周之际，习近平总书记带领中共中央政治局常委赴上海瞻仰中共一大会址、赴浙江嘉兴瞻仰南湖红船，习近平总书记深情地说道："上海党的一大会址、嘉兴南湖红船是我们党梦想起航的地方。我们党从这里诞生，从这里出征，从这里走向全国执政。这里是我们党的根脉。"

一百多年来，中国共产党从兴业路出发，一路艰苦奋斗，始终把为中国人民谋幸福、为中华民族谋复兴作为初心和使命，取得了社会主义革命和建设的伟大成就。

学生们怀着崇敬的心情行走在纪念馆中，驻足于一件件珍贵史料前。本次参观，让他们对中国共产党的历史和发展都有了更加深刻的了解。参观完成后，他们重新回到展览大厅，在那里等候的王雅婷最后说道："这里是初心之地，是精神之源。这里诞生出了立党为公、忠诚为民的奉献精神。我们来到这里的目的是学习中共一大的历史和精神。兴业路是一条改变中国命运的道路。"

如今，在中共一大会址旁，繁华时尚的新天地商区车来人往。而红色历史就在这里，从未走远；红色基因已深入城市肌理，在"新天地"中焕发出历久弥新的生命力。

王嘉炜

南京路

中华商业第一街

有着"中华商业第一街"美誉的南京路是上海最繁华的商业街之一，两侧商厦鳞次栉比。到上海的人，如果没来南京路一逛，总是个缺憾。

这条百年老路的发展历史得从清朝末年说起。1842年，清政府在与英国的鸦片战争中战败，签署了不平等的《南京条约》。作为条约指定的通商口岸之一，上海吸引了不少外国人士前来，随之而来的还有他们的休闲娱乐方式。

1848年，英国人霍克组织跑马总会，圈占几十亩地修建了上海最早的跑马场，同时还修筑了一条通往外滩的小路，这条小路便是"南京路"的前身。随着商业逐渐发展，在这条小道及其延伸道路周围，一座座楼房拔地而起，后便将这条路称为"大马路"或者"英大马路"。而后，这条路继续向西延伸至静安寺，于1865年被正式命名为"南京路"。

南京路是上海近代商业的发祥地，当时商贾云集。其中，极具代表性的是中国近代最大的百货公司永安公司。永安公司由旅澳华侨郭乐与其弟郭泉创建。20世纪初，两兄弟在香港开设了第一家永安百货公司，获得一定利润后，他们将目标转向商业发达的上海。

他们以每年5万两白银的高额租金，从犹太房地产大亨哈同手里，租得南京东路、浙江路口的一块地皮，建起一栋6层的英式建筑——永安大厦。永安大厦的选址颇费郭氏兄弟一番心思。为弄清南京路南北两侧的人流量孰大孰小，郭乐亲自坐镇，在两侧各指派一名员工清点人流量。几天

南京路

后，他们发现南京路南侧的人流量高于北侧，便将永安大楼设计为坐南朝北，与中国第一家自建百货大楼先施公司相向而对。

1918年，永安公司在南京路开业。作为上海首屈一指的高档百货公司，永安公司以经营个性化、品牌化、特色化的中高档服饰品类为主。此外，公司对服务的极高要求，也令它名声大噪。在永安公司的商场内，"Customers Are Always Right!（顾客永远是对的！）"这则霓虹灯英文标语，被放置在最醒目的地方，成为公司员工必须恪守的准则。

1930年，郭家在6层的永安老楼东侧修建了19层楼高的新楼，还在两楼之间建造了别致的空中走廊。新大楼当时是南京东路上仅次于国际饭店的第二高楼，到了晚上，大楼的霓虹灯在空中璀璨夺目。

租赁地皮修建永安老楼时，哈同的条件十分苛刻，要求30年租期届满后将地皮连同大楼一并归还。但后来，永安公司的第二代接班人郭琳爽与哈同养子乔治·哈同谈判成功，最终以112.5万元购回了永安大楼。

东起外滩、西抵静安寺，全长 5.5 千米的南京路，是当时上海最繁华的街道，数千家批发字号、数百家商铺，以及国内百货业的四大魁首——永安、先施、新新、大新都齐聚于此。南京路因此得名"十里洋场"，名震海内外。

到了 20 世纪 90 年代，上海政府对南京路进行了有史以来最大规模的改造，建成了全国规模最大的全天候步行街，提出"让南京路成为世界著名商业街"。一批批著名商业企业汇集于此，组成了富有特色的上海商业力量。南京路汇聚精品，引领时尚，是名副其实的"中华商业第一街"。

上海一直被认为是中国最现代、最时尚的城市之一，而南京路的繁华和美丽正是其缩影。100 多年的辉煌发展为南京路带来了厚重的文化印记，百乐门、国际饭店、大光明电影院、静安寺等经典建筑背后都有着美丽的故事。它们带着历史的神韵与现代化的陆家嘴建筑隔江相望，别有一番景致。

南京路不只有过去。2021 年 7 月，在南京东路东拓段的外滩中央广场上，"最美玻璃穹顶"第一次对外开放，面积近 4000 平方米的穹顶在夜空中流光溢彩、亦梦亦幻，就连被笼罩其间的中央商场、美伦大楼、新康大楼与华侨大楼也一改历史的厚重，在科技的帮助下散发出迷人的时尚气息。

过去与现在，商业与艺术，在这里完美地交融。随着时代的不断发展，这条见证东西文化碰撞与交融的南京路还将继续书写自己的故事。

王嘉炜

壹 上海·风物

人民公园

从跑马厅到相亲角

林老伯照例拎上雨伞，出门往人民公园去了。这天不是周末，时间又早，去公园的人应该不多。但是一进公园，大门右侧早已挤满了人，地上铺开的各种塑封A4纸上，印着青年男女的照片、身份介绍和婚姻要求。林老伯照例四处转转，看看有没有符合自己女儿要求的征婚启事，这一路时不时还会碰上老熟人，免不了会打个招呼、聊上几句。林老伯中年得女，如今女儿已研究生毕业并迈入职场，但仍未恋爱。每当别人问起，林老伯常笑着说："不急的，再等等，白马王子还没出现。"

林老伯去往的，就是上海著名的相亲地——人民公园"相亲角"。自从女儿迈入27岁，林老伯几乎每天都来这里，风雨无阻。在这里，有很多像林老伯这样的中老年人，他们都想帮助儿女们寻找到合适的另一半。

人民公园北邻南京西路，南邻上海市人民政府和人民广场，地处上海最繁华地段。这里原本是跑马厅所在地。上海先后建过三个跑马厅，前两个存在时间相对较短。19世纪40年代，上海英租界的英国人开始引入风行英国的体育娱乐活动——赛马。1848年，英国侨民租借了英租界西界以外80余亩地，建立了上海第一个跑马场厅。此后，又圈地约170亩，建立了第二个跑马厅。第三个跑马厅建立于19世纪60年代，规模更大，占地达430多亩，包含了赛马跑道、马厩、宿舍，以及供板球、足球、高尔夫球、网球使用的各种场地。在新中国成立后，上海市人民政府将跑马厅改建为"美丽的文化休憩公园和人民的广场"。于是，原跑马厅的北半部建成"人民公园"，由陈毅市长题词。

跑马厅的赛马活动吸引了大量外国侨民，跑马厅也同时成为租界最大的公共广场。1892年，公共租界游泳总会在跑马厅东北部辟建了上海第一个游泳池。后来，很多重要外事活动也曾在跑马厅举行。

但当时，跑马厅对华人却有着诸多限制和歧视。除了跑马总会雇佣的马夫和杂役，一开始华人是被禁止入内观看比赛的。后来歧视愈演愈烈，为防止华人窥探比赛，甚至让住在跑马场周围的华人居民只能在面向马路的一侧墙体开窗。这种歧视到了1909年才有所改变，当时跑马总会在场内西边增设一个看台，专供华人购票入内观看。两年后，跑马厅吸收少量华人为名誉会员、聘请会员，但是仍不许华人参加比赛。

几十年后，历史翻开了新的篇章。新中国建立后，上海市人民政府收回跑马厅进行改建。1952年10月，改建工作全部完成，并对外开放。早期的人民公园东北部是儿童活动区，西南部是成人活动区，北部和中部则是休息区，体育场所、游乐设施、山石亭台、植物环绕，人民公园成为了当时上海人娱乐休闲的重要场所。

20世纪80年代末，为配合市政建设，公园面积锐减，到2000年，改建后的公园面积不到10万平方米。改革开放后，上海人的跨国商务活动、海外探亲旅游机会日渐增多，掀起了英语学习的全民热潮。许多英语爱好者自发聚集在人民公园和相邻的人民广场，练习英语口语。由此，在人民公园诞生了全国第一个公园文化角——英语角。

2000年，人民公园再次迎来改造。原有的建筑减少了近一成，植被的覆盖率增加到80%以上，整个园区形成了以西侧为传统景区、东侧为休闲娱乐区的格局。休闲娱乐区除了儿童设施，还增设了垂钓区、石凳石桌、按摩脚底的鹅卵石小道。每到清晨，这儿人头攒动，人们或做广播体操、打太极拳、跳广场舞，或就着石桌石凳来一番象棋厮杀，或带着乐器自弹自唱……

壹　上海·风物

人民公园相亲角

老年人喜爱在这里谈天说地，"孩子"是他们最爱的话题。一开始，有关孩子的话题仅限于熟人间的聊天，后来，年轻人晚婚晚育的趋势愈加明显后，越来越多的老年人集聚在此聊子女的婚嫁情况，聊上合适的他们会安排相亲，希望借助"相亲角"为孩子找到幸福归宿。方式也从老人之间简单的言语交流，变为将孩子的个人情况写在纸上用不同方式贴出来，比如一些老年人将自家孩子的简历贴在伞上，来时将伞撑开放在地上，走时将伞一收，便捷又快速。偶尔，也会有一些勇敢的年轻人闯入，来这里寻找自己的有缘人。

从租界的跑马厅到人民的公园，从体育娱乐场地到生态休闲空间，从文化学习角到人际沟通的社交平台，人民公园就像一个无声的记录者，让时代的发展得以见证、社会的变迁得以映照。

■ 王燕华

朱家角

淀山湖边的江南古镇

夏日来临，朱家角古镇推出了首届夜生活节，景区的"中南朱里雅集"设起近 200 米长的夜市。二十多岁的"90 后"姑娘欧阳摆起了一个摊位，摊前几桶芬芳馥郁的鲜花，格外惹人喜爱。她在青浦城里经营着一家鲜花店，有着固定客源，生意十分平稳。听闻朱家角古镇举办夜市，她迅即报名，希望在门店打烊后，能在集市上销售一些零散花束，顺便拓展客源。

朱家角古镇

欧阳熟练地拿起几枝红月季和满天星,用大丝带蝴蝶结包扎花束,笑眯眯地递给客人,摆摊一晚上的收益能有300元左右。欧阳摊位上的小雏菊、洋桔梗、满天星等,在集市的霓虹灯映照下,色彩缤纷。

朱家角的夜市充满着乡间野趣,纸翻花、蒲扇、蝈蝈等,勾起了远道前来的顾客们的阵阵回忆。随着夜幕降临,夜市变得热闹非凡。欧阳姑娘是镇上成百上千位小商人中的一位,凭借着古镇的政策支持和自己的努力,让生活变得有滋有味。

上海市青浦区的西部,有座水面茫茫的湖泊叫淀山湖,而朱家角古镇就坐落在湖畔。古镇呈折纸扇形,黄金水道漕港河穿镇而过。在历史文献《珠里小志》中，古镇被称为"珠里"，又名"珠溪"，俗称"朱家角""角里"。因其有"小桥流水天然景，原汁原味明清街"，多部电影在此拍摄，被大家称为"沪上好莱坞""东方威尼斯"。

明清时期，朱家角米市兴起，店铺随之林立，时人称"长街三里，店铺千家"，镇上建筑布局紧凑、造型典雅，屋脊飞翘、灰瓦白墙组成了一幅水墨画卷，造型各异的桥像彩虹一样跨越水面，形成"井带长虹"的美景。现如今，镇上最多的商店大概是茶馆，茶馆遍布漕港河的两岸和镇上的每个角落，装饰雅致，吸引人们到此相聚、聊天、拍照。

"九街、三十六桥、一寺、一庙、一厅、一馆，二园、三湾、二十六弄"，构建了江南鱼米之乡的景象。朱家角的每条街、每座桥都有动听的故事，镇中央有座上海最大的古石桥——放生桥，是朱家角的地标建筑。

相传在明朝隆庆年间，朱家角慈门寺内的一名僧人叫性潮，奉师傅法旨出外十年化缘建石桥。他辛辛苦苦积累了一笔钱财，回来后却发现师傅早已去世。性潮忍着悲痛，继承师傅志愿，继续建石桥。因河面宽，水流急，修石桥没有根基。有一天，性潮看到一位乞丐笑着往河中抛了四个枣核，一时间长出了四根芦苇秆。性潮感悟后在这四个地方打桥桩，形成五洞，终于修成了桥。当地僧人为感谢造桥人之功德，每逢农历初一都要在桥顶举行隆重仪式，将活鱼投入河中放生，这座桥就被命名为"放生桥"。

民间还流传着另外一个关于放生桥的故事。相传明朝朱家角镇漕港河两岸住着许多渔家，有一天，一个渔夫捞到了一条金色鲤鱼，只见鱼可怜兮兮地睁着圆眼睛，善良的渔夫心生不舍，遂把鲤鱼放走。渔夫不知道的是，这条金色鲤鱼原是东海龙宫公主，因贪玩而被渔夫捞上来。公主感念渔夫放生之恩，化身人形与之结为夫妇，婚后两人恩爱非常。然天有不测风云，连日的降雨，让漕港河发了大水，很多房屋被毁，人们流离失所。公主不忍看到美丽小镇被毁，来到桥上耗尽所有法力让洪水退去，退水瞬间她也重新变回鲤鱼。渔夫这时才知妻子原来就是被自己放生的那条金色鲤鱼，而镇中渔民们看到这一幕，纷纷跪拜感谢。渔民们为感谢公主为小镇的奉献，每当捕到鲤鱼时就会在桥下放生，以此来纪念和感谢公主恩德，久而久之，这座桥便被叫作放生桥。

小镇西面有座铁锈桥。传说清代乾隆年间，朱家角出生的高官王昶在京城为朝廷忠心耿耿服务了几十年，到七十多岁，他想回家乡安度晚年。朱家角的百姓非常爱戴王昶，听闻他要告老还乡，天天在铁锈桥上翘首以盼。几天后，大家终于等到王昶乘坐的木船，乡亲们一直把他护送到旧居"三泖渔庄"。因为大家是在铁锈桥上迎接王昶荣归，从此以后，就把铁锈桥改称为接秀桥。

古镇的桥和水承载着数百年历史，同时孕育着江南水乡的美好未来。桥是人与水和谐共处的纽带，桥也表现了中国建筑中的曲线美，它演绎的故事神秘而美丽，这一切都印证了上海历史精神的传承与发扬。

■ 张莹

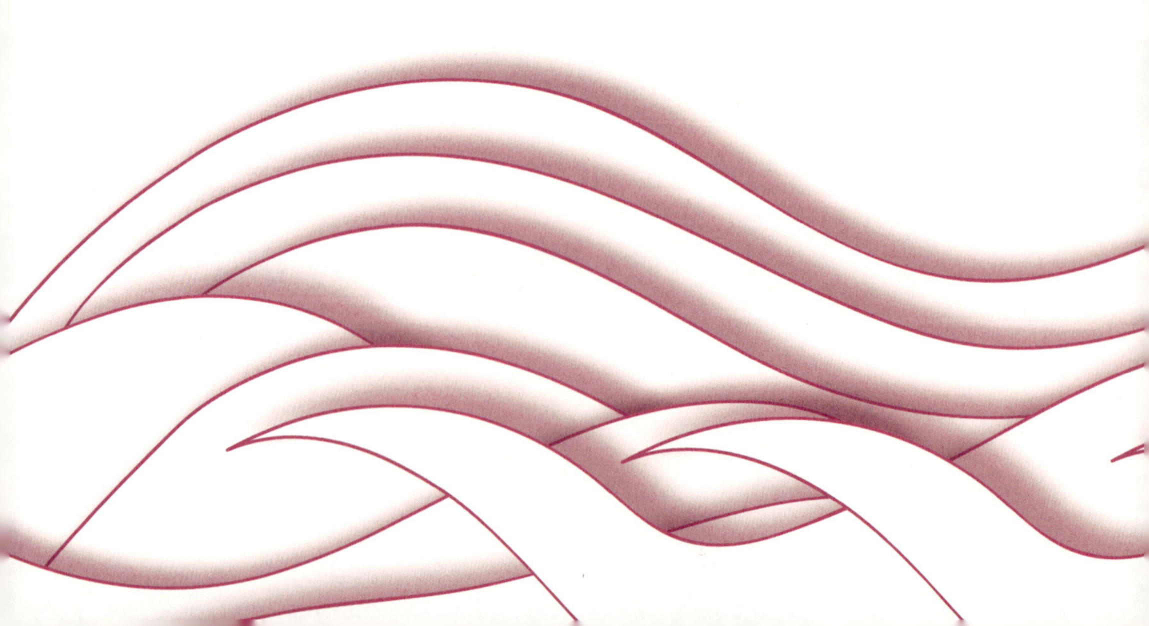

贰

上海·习俗

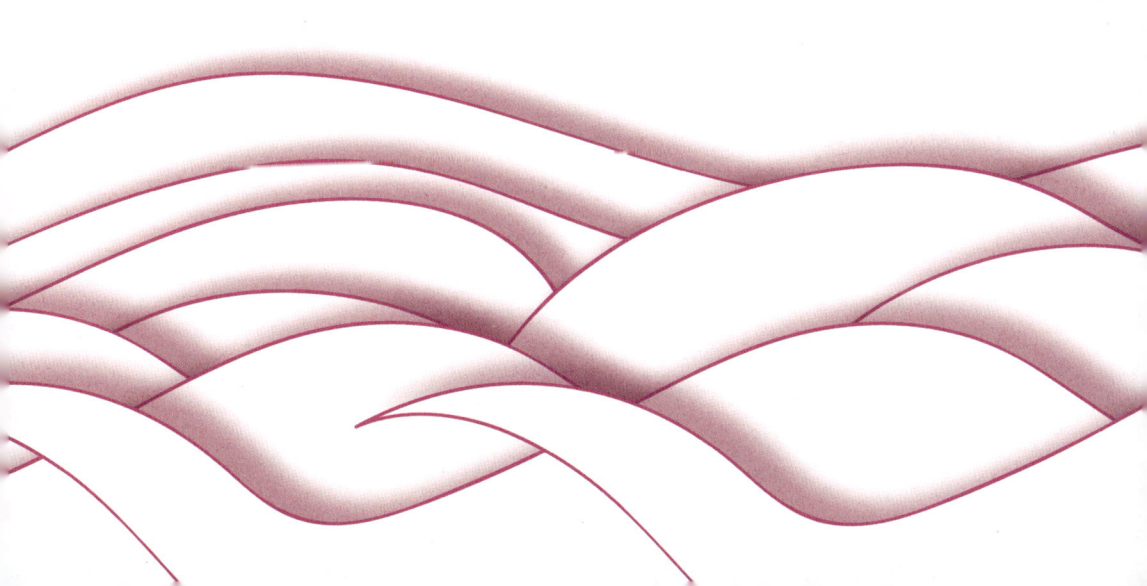

贰　上海·习俗

导　言

　　上海人民不仅创造了丰富的物质财富，还创造了可观的精神财富，而"习俗"就是精神财富中的重要组成部分。

　　习俗是人们在社会生活中积淀下来的习惯和风俗，既是人们对社会关系的综合认识，也是对天人关系的自然表达，并且往往会在不同时间、不同区域内呈现出不同的样貌。不过，无论社会如何发展、地域间存在何种差异，上海人在习俗中展现出的对幸福生活的追求始终不曾改变。

　　到了冬至，上海人除特别重视吃喝进补外，还开始准备迎接新年，送灶神、接灶神就是重要的年俗活动。送灶神、接灶神事务全由家中女性长辈承担，这也是上海的一大特色。春天，超市和商店都在销售青团，这种特殊的糯米团子，深受上海人的喜爱。此外，上海人还喜欢吃浦东三黄鸡，这种鸡肉质鲜美，在很多老上海人的心中拥有独特的地位。

　　过去，全国很多地方结婚都讲究男方给女方下聘礼，上海也不例外。上海的聘礼随着时代变化，有着不同时代的烙印，婚俗也随着中西方文化的不断交融而日新月异。经济在发展，斗蟋蟀这一休闲方式也重归大众视野。上海人从两只小虫的争斗中寻找着乐趣，如今斗蟋蟀背后隐藏的更是科技的力量。

　　这是上海人的生活场景，这是上海人一天又一天的日子。慢慢读下去，你就能置身上海，在抬眼瞭望中，伸手触摸到黄浦江上缓缓飘来的人间烟火。

三黄鸡

舌尖上的五百年

在上海人的记忆里,三黄鸡一定拥有一席之地。

这里的三黄鸡,是一种闻名上海的本地土鸡,又称浦东鸡,最早产于嘉定。它的羽毛、嘴巴、双脚都是金黄色的,成年后体形较大,可达八九斤重。五百多年前,明朝大臣、金石学家都穆编纂的嘉定县志《练川图记》中就有关于三黄鸡的记载。

相传,明代南直隶常州府江阴县(今江苏省江阴市)有一位名叫李诩的读书人,他科举落第后前往各地寻找名儒推荐,希望谋得一官半职。一次,他途经嘉定时突发疾病,幸而被当地一位农夫救起,并在农夫家中得到了悉心照看。好心的农夫宰了一只家养的三黄鸡,供他滋补身体。不久,李诩从病中痊愈。从那以后,三黄鸡疗病补血的功效就渐渐传开了。

后来,嘉定农家开始大规模养殖三黄鸡。这种鸡品相好、肉质鲜嫩,既能在还是童子鸡时卖出,也可以养到八九斤再出售,因而在市场上广受欢迎,很多农户通过养鸡赚钱,慢慢过上了好日子。

很快,嘉定大场(今上海市宝山区大场镇)的三黄鸡被浦东一带的农户发现。于是,当地的农户们买来鸡仔,投喂上好的饲料。农户们不仅把鸡圈养在院子里,还放养在海滩上。随着养殖数量越来越多,上海三黄鸡的市场也越做越大,最后打出了响当当的牌子。道光二十七年(1847年),浦东一带的商人还向英国输出过三黄鸡,当时的英国人称它为"上海鸡"。

贰　上海·习俗

三黄鸡

　　老上海人对三黄鸡的吃法极有心得。三黄鸡肉质鲜美，适合白斩，也就是水煮后切块，这样可以拥有最佳的口感。在很多老上海人心目中，能够在云南路吃一盘白斩鸡，是一件很幸福的事。那时很多家住如今虹口区、杨浦区的老上海人，一般七到十天就去吃一次。当天，他们会在早上五点起床，五点半出门，然后去虹口公园（今鲁迅公园）喝茶、吃点心，九点半再乘坐18路公交车到人民广场站，然后去专门的店里吃老师傅做的白斩鸡。

　　每逢过年，白斩鸡定是饭桌上一道必备的凉菜。大厨们常说："挑选三黄鸡十分有讲究，既要看毛色是否鲜艳，又要看皮肤是否带有黄色，还要掌握分量，选择四斤半左右的鸡。"

不仅挑鸡是一门技术活儿，想让白斩鸡变得美味，也极其耗费功夫。制作白斩鸡要用两口锅，一口锅用来烫，另一口锅用来烧。首先要将处理好的三黄鸡放入凉水的锅中并将其煮沸，然后再焖煮十来分钟。再将刚熟的鸡捞出放进凉水锅里冷却，这时候鸡皮会收缩变紧，口感韧中带脆。之后，就可以将鸡捞出切块，涂上香油。这样做出来的白斩鸡，色泽鲜亮，香味扑鼻，让人垂涎欲滴。

吃白斩鸡，调料也十分重要。上海白斩鸡的蘸料并不复杂，上海人一般选择酱油、麻油加葱姜末，或者直接使用虾子酱油。用特殊方法制成的三黄白斩鸡，搭配上精心调配的酱料，吃上一口，心中升腾起独属于上海人的情怀。

历经五百多年的传承发展，三黄鸡已蜚声在外。尽管现在人们制作白斩鸡时不再追求只用三黄鸡作为原料，品尝白斩鸡时所用的调料也变得花样百出，但那一盘蕴藏着最纯正上海味道的三黄鸡，已然成为上海人留在舌尖上的记忆，随着时代变迁，深深融进上海独特的饮食文化之中。

■ 黄汉城

贰　上海·习俗

吃青团

寒食长阳气

清明节的前一二日，就是寒食节（又称"禁烟节""熟食节"），这是中国传承了两千多年的传统节日，其起源是为了纪念春秋时期的晋国名士介子推。

春秋时期，晋国内乱，公子重耳流亡在外，其谋士介子推一直忠心追随。后来，重耳回到晋国，成为国君，却未给介子推赏赐俸禄。介子推携母隐居绵山。重耳后又想起介子推的功劳，便前往绵山寻他，但介子推始终避而不见。为让介子推现身，重耳下令放火烧山，没想到大火将青山烧成焦土，介子推和老母亲也没有出来。重耳再命人上山寻找，最终发现介子推与老母亲已被烧死。重耳悲痛不已，下令今后清明节前二日不得烧火做饭。这便是寒食节的由来，这天人们不生火、吃冷食，以示追怀之意。

现今上海的寒食节，一般是要吃青团，这是一种用青色的草汁与糯米粉制成的冷食，与糯米团子极为相似。关于吃青团的习俗，民间有这样两个传说。

相传很久以前，松江府有一位秀才赶考，随身带了几个青团，以备饿时充饥。一晚天降暴雨，秀才在郊外一间破庙避雨，睡梦中迷迷糊糊听到有人走进破庙说道："我许久没有吃东西了。"秀才起身一看，原来是一位女子，于是答道："在下囊中有几个青团，若姑娘不嫌弃，就吃了吧。"说完，从包袱中拿出青团，递给女子。女子囫囵吞下后，亮晶晶的双眼不住地打量秀才并朝秀才走来。然而就在这时，女子突然发出一声尖叫，变

上海　兼收并蓄的活力之都

青团

成一只狐狸，慌忙逃出破庙。秀才这才知道，女子原来是吃人的狐狸精变的。狐狸吸入阴气，修炼成功后就能化作人形，而青团促进阳气增长，让狐狸精现了原形。这虽是一个志怪故事，但吃青团能促进阳气生发、强身健体的说法在松江附近传播开来。

又相传某年清明节，太平天国忠王李秀成的大将陈太平遭清兵追捕，逃亡途中遇见一位在田间耕作的老农，老农将他乔装成农民，因此逃过一劫。但是，清兵并不善罢甘休，在村里添兵设岗，无论谁出村都要接受检查，以防有人给陈太平送食物。这位好心的老农不忍陈太平饿死，苦苦思索对策。这时，他一脚踩在艾草上，滑倒在地，两只手染得绿莹莹的。见状，老农顿生一计，立刻采些艾草回家，将其洗净煮烂后挤汁揉进糯米粉内，做成一只只青溜溜的米团子。他把青团混在青草里，顺利骗过村口的清兵。陈太平吃了青团，体力得以恢复。夜幕降临后，他绕过清兵哨卡，安全地返回了部队。后来，李秀成命令太平军都要学做青团以御敌自保，清明节吃青团的习俗也从此流传开来。

据史料记载，青团就是从古代寒食节的食品逐渐演变而来的。北宋温革《琐碎录》中，有"蜀人遇寒食日，采阳桐叶、细冬青染饭，色青而有光"的记录，这说的就是在寒食节用两种树叶将饭染青作为食物。到了明代，青色饭变成了青、白两种团子，明人郎瑛在《七修类稿》中提到："古人寒食采桐杨叶，染饭青色以祭，资阳气也。今变而为青白团子，乃此义耳。"清代苏州人顾禄的《清嘉录》中，也有在寒食节将青团当作冷食并用之祭祀祖先的记载。可见，今天上海的青团与古代的寒食节食品一脉相承。

现在，每逢寒食节，一些老上海人仍会自己做青团，各大商店也会备好青团进行销售。由于上海人喜吃甜食，青团往往以豆沙馅为主，但近年来新品种也层出不穷。对于上海人来说，春天吃青团，已经变成了一种习惯，吃上几个青团，才算是真正进入了春天。这一个个绿油油、散发着清新艾草香气的青团，成了上海人对寒食节最美好的记忆。

■ 黄汉城

行盘

日新月异的聘礼

结婚，是中国人心目中最隆重的事件之一，婚礼因此显得格外重要。

在中国，婚礼习俗往往与当地的文化和风气有关，上海也概莫能外。近代上海在城市发展中吸引了大量移民，不同地方的文化随之在此相互碰撞，融入上海的文化中，这一点在上海婚礼习俗的变迁中尤为明显。

民国时期，上海嘉定出了一个中国外交界的风云人物——顾维钧。在顾维钧12岁那年，父亲给他定了一门亲事，对方是一个老中医家的独生女。按照中国传统婚礼习俗，男方要向女方"纳彩"，也就是下聘礼。聘礼要放在木质的方盘中让女方家挑选，让四邻八舍看到，女方家才能赚足脸面，而这个过程就叫"行盘"。木盘里除了可以装些值钱的或讨口彩的东西，还可以装钱，也就是行盘银子。顾维钧的父亲托人将梳子、尺子、压箱钱、剪刀、算盘、茶叶等生活用品装进礼盘中，带到女方家去，约定两家孩子在顾维钧20岁时完婚。尽管顾维钧不愿接受包办婚姻，但迫于家人的压力，只好点头同意。不过强扭的瓜不甜，这段婚姻最终以离婚收场。

新文化运动后，一些中国人的思想观念开始转变，自由恋爱逐渐走入上海的婚恋舞台。1920年，一次宴会上，顾维钧遇到了南洋商人黄仲涵的女儿黄蕙兰。不久，二人就开始了自由恋爱。同年，两人在比利时布鲁塞尔中国使馆举行了一场西式婚礼。这次，顾维钧送的聘礼变成了钻石戒指和貂皮大衣。黄蕙兰的家境十分优渥，顾维钧此时也已是风华正茂的外交大使，两人又在大洋彼岸的比利时结婚，聘礼的内容和规格也因此发生了变化。

贰 上海·习俗

婚庆用品

20世纪六七十年代，上海各地的婚礼习俗都经历了诸多改变，各自呈现出别样的特色。

在金山、奉贤、南汇一带，男方会挑上装有公鸡、青鱼、猪腿、鹅、干果等礼品的方盘到女方家，女方家则会视自己的经济能力准备好嫁妆。嫁妆除被子、衣箱、柜子、梳妆台等常见的生活用品外，还有棉布，这些棉布大多是由出嫁女子自己纺织的。很多上海农村的姑娘从小就会纺纱织布，所织的布除了留一小部分供家人使用，很大一部分会被她们存起来，作为自己今后的嫁妆。江南婚俗博物馆里，就保存着不少金山区民国时期女子的嫁妆，大到太师椅、八仙桌、婚床，小到马桶、脚桶、梳妆盒，可谓琳琅满目。

在浦东一带，聘礼讲究寓意，人们特别喜欢送万年青和茶叶。万年青，代表吉祥如意；茶叶，取"凡种茶树必下子，移植则不复生"的寓意，希望新婚夫妇忠贞不贰、和和美美、早生贵子。除此之外，男方还要准备好金银首饰，如项链、戒指、手镯等，女方一般会回礼，除了嫁妆，还会送上大米、粽子等。

崇明区的婚嫁保留了不少传统习俗。比如，一般人家嫁娶，要由媒人说合。送聘礼时，男方要在清明节、端午节、中秋节分三次送上，而且婚礼程序也相对复杂。嘉定区的婚俗又有所不同。女方在结婚前一天，会将嫁妆一件一件拿出来，根据它们的高矮、大小，错落有致地摆在客厅里，并在每件嫁妆上贴一个红纸剪的"双喜"。结婚当天，男方去女方家搬嫁妆时，要先将装有一只猪蹄、两条大黄鱼、数斤喜糖和一定数量现金的长方形木盘送到女方家，否则下聘就不算到位。

如今，上海人更加注重聘礼的实用性与美好寓意，聘礼从简。随着现代文化的发展以及中西方文化的不断交融，上海的婚俗在新时代一定会呈现出更多日新月异的特点。

■ 黄汉城

贰　上海·习俗

过冬至

知是明朝冬至天

"冬至"是中国古代历法中一个非常重要的节气，这一天昼最短、夜最长。《后汉书》中说"冬至阳气起"，也就是说，过了冬至，白昼一天比一天长，阳气回升，万物迎来复苏的拐点。冬至还是一个十分重要的传统节日，古人有"冬至大如年"的说法。这一天，上至天子公卿、下至黎民百姓，都要祭拜祖先、宴饮亲友。《宋书》记载："魏晋则冬至日受万国及百僚称贺，……其仪亚于岁旦。"可见，冬至在宫廷中岁时节日的地位仅次于春节。

上海一直都有过冬至的习俗，生活在这座国际大都市的人们对传统文化始终抱有极大的热情，冬至因此保留了浓厚的节日氛围，至今还是一个重要的民俗节日。

以前生活不富裕的时候，上海郊区流传着这样一个故事：冬至夜，一对贫穷的老夫妻家里无米下锅，而隔壁人家家境尚可，包着馄饨，香气四溢。上海人习惯家里做了美味的饭菜后，端一些出来送给左邻右舍。于是老两口闻着馄饨的香味，满怀希望地等着隔壁人家送上一碗。等啊等，直到两人都睡着了，也没有等来馄饨。这时，老头的帽子不小心碰到煤油灯，烧了起来。老头猛然惊醒，连忙用力去吹帽子上的火苗。老太在半梦半醒中只听到老头呼呼吹气，还以为他一个人在吃邻居送来的馄饨，于是急忙起身，却发现非但没有馄饨，家里还着火了，弄得一片狼藉，便十分恼火地训斥了老头。这个故事虽然是杜撰的，但也可以从中看出人们以前习惯苦中作乐，对吃饱穿暖无比向往。如今，上海经济发达，人民生活水平得

上海　兼收并蓄的活力之都

冬至吃汤圆

到了大大提高，家家户户在冬至夜都会举办家庭聚会，摆上满满一大桌食物，之前的向往已经照进了现实。

　　上海的冬至节，祭祀祖先是一件大事。冬至这一天家家户户都要祭奠、缅怀故去的亲人。以前，人们会在家中布置祭台，供奉亲人的遗像。遗像前放置蜡烛和碗筷，还要放上半满的酒盅和上供的热菜。现在，一些人选择冬至这天到墓园扫墓，在亲人的墓前送上一束鲜花。"慎终追远，民德归厚矣。"上海人在庄重的纪念中，继承了先辈们自强不息的精神，并将之作为奋发向前的动力。

上海的冬至节，饮食也是一件大事。上海以前有"冬至吃蹄髈"的说法。冬至这天很多人会买一块上好的蹄髈，加入红枣和桂圆，在锅里酥火慢煮。锅中飘出的香味传遍了整个弄堂，孩子们都跑来围在炉边，目光中满是期望。上海还有冬至"吃汤圆、喝甜米酒"的说法。古人有诗云："家家捣米做汤圆，知是明朝冬至天。"冬至吃汤圆，象征家庭和睦吉祥。有的人家还会吃赤豆糯米饭、八宝饭。以前民间传说鬼怪最怕赤豆，于是百姓纷纷在冬至这一天煮赤豆饭，借以驱鬼避邪、防灾去病。此外，现今一些老上海人还有在冬至服膏方、喝补酒的习惯。

冬至，作为中华民族自古以来的传统节日，承载着上海人的人文精神，蕴含着上海人的价值观念，延续着上海人的精神血脉。过冬至，表现着人们对祖辈闯荡上海滩的景仰、对过去生活的回忆以及对未来美好生活的向往。这份对冬至的独特情感融进了每个上海人的血液中，并将世世代代传承下去。

■ 黄汉城

送灶神

年的开始

中国人喜欢吃熟食，日常靠灶头生火做饭，因此过去每家每户都会有一个大灶。古人相信，灶神不仅主管灶火，还是全家的保护神和监察使。

关于灶神，上海流传着这样一则故事。

传说有一个名叫张禅的富家子弟，婚后生活十分美满，但没过几年，他就喜新厌旧，休了发妻。一年冬天，张禅家中遭遇大火，房子被烧成了废墟，他也因此失明，只能四处乞讨。

一天，张禅来到一户人家门口讨饭，好心的女主人见他可怜，就拿家中的饭菜给他吃。结果，张禅听出这位好心人竟是自己的前妻。万般羞愧之下，他一头扑进灶火里，被活活烧死。玉皇大帝知道后，认为张禅虽是负心人，但他迷途知返、良心未泯，既然死在灶里，便册封他为灶神，让他管理全天下的灶火。

灶神平时在百姓家接受供奉，每逢腊月二十三日，便要回到天上，向玉皇大帝汇报每家每户的功过。玉皇大帝根据灶神的汇报，将每家每户在新一年中的吉凶祸福交给灶神。因此，百姓都希望灶神"上天言好事，下界保平安"。

在上海，人们将送灶神这天当作年的开始。过去，可谓家家户户送灶神。很多地方一直有"男不拜月，女不祭灶"的传统，但在上海，送灶神的仪式多由家中的女性长辈主持。每到腊月二十三日傍晚，家里的女性长

贰　上海·习俗

灶糖

辈便开始举行送灶神仪式。她们先将"上天言好事，下界保平安"的对联贴在灶神像的两侧，接着，向灶神敬香，供上祭品。祭品通常是灶糖，也叫元宝糖，用黄米和麦芽熬制而成，又甜又黏。灶上还要摆柿饼、芋艿、糯米糕等传统上海小吃，有时还会放上几瓶老白酒。人们希望用元宝糖和各种甜食粘住灶神的嘴巴，用老白酒将灶神灌醉，使他不能张口且昏昏沉沉，这样上天以后就不会向玉皇大帝说家里的坏话。

上海各个地区送灶神的祭品也各有特色：浦东新区是水果、什锦糖和糯米团子，松江区是茨菰、柿饼，嘉定区是老菱、馄饨和糯米糕，崇明区是糯米糕、卷银包、糖饼以及用赤豆和糯米熬成的赤豆粥。之所以有茨菰和糯米糕，是因为在上海话里，"茨菰"的"茨"与"辞"同音，"菇"与"古"同音，有辞旧迎新的意味；"糕"和"高"同音，预示着生活水平年年高升。

供奉祭品以后，人们会将贴了一年的灶神像请下来，将它连同纸扎的马一并烧掉，让灶神可以安安稳稳地回到天上。还有一些人会焚烧纸钱和黄纸，供灶神在天上使用。

灶神在天上待了几天后，就会返回人间。在上海，腊月二十四日，每家每户就会开始大扫除，在做好迎接灶神归来准备的同时，也希望以崭新的面貌迎接新一年的到来。到了大年三十，人们会在除夕夜"接灶神"，把新买来的灶神像贴在灶台两边，供奉肉食、美酒、水果、蔬菜等，再烧一炷香。接完灶神后，人们就开始吃年夜饭，一起过大年。

虽然灶神只是古人在农耕社会产生的幻想，但千百年来送灶神的习俗，真实反映了上海人对家庭安康喜乐的美好愿望、对新年平安团圆的殷切期盼、对未来美好生活的无限向往。送灶神已经成为上海一项具有厚重历史积淀与鲜明时代特色的活动。

■ 黄汉城

斗蟋蟀

"将军们"的会面

蟋蟀，别名促织、蛐蛐、夜鸣虫、将军虫，因立秋过后就会鸣叫，所以又叫"秋虫"。斗蟋蟀最早可追溯至唐代，起初只是孩子们的游戏。南宋时出了个"蟋蟀宰相"贾似道，此人为官平庸，斗蟋蟀却很在行，不仅在西湖边盖了座"半闲堂"庄园，常在那里斗蟋蟀，还编撰了世界上第一部研究蟋蟀的昆虫学专著《促织经》。到了明代，宣宗朱瞻基酷爱斗蟋蟀，故而得名"蟋蟀天子"。

上海也出产蟋蟀，其中闵行区七宝古镇出产的蟋蟀以体形硕大、精力充沛、叫声洪亮而闻名，人称"七宝蟋蟀"。据传，乾隆皇帝下江南时，曾驻留在紧邻七宝的松江府。当时有官员派人星夜奔驰，想要进贡一批良种蟋蟀，不料途经七宝时，马失前蹄，蟋蟀四散奔逃，从此七宝古镇便有了骁勇善战的良种蟋蟀。

清代，上海县城隍庙附近是"虫迷"的乐园，人们在这里进行蟋蟀交易，购买斗蟋蟀的器具。民国时期，上海的蟋蟀市场主要集中在四马路（今福州路）附近。当时，上海的一些乡镇，纷纷成立"蟋蟀协会""蟋蟀研究会"，斗蟋蟀之风盛行。

蟋蟀协会举行的斗蟋蟀比赛相对正式。每年中秋至重阳前后，一些专门驯养蟋蟀的行家会准备好斗场，广发帖子邀请客人。开斗前一天，要将蟋蟀隔离，并由专人给蟋蟀称体重，将其分成不同量级，再配对厮杀。比赛时，有专人负责裁判。雄性蟋蟀的领地意识极强，一经撩拨，两雄相遇，

上海 兼收并蓄的活力之都

斗蟋蟀

拼杀就异常激烈。养蟋蟀的人常给蟋蟀起威风的名字，如"大将军""老虎头"等，斗蟋蟀也因之被戏称为"'将军们'的会面"。

上海的蟋蟀爱好者中不乏有学识、有修养的文人雅士，如著名京剧表演艺术家梅兰芳、沪上滑稽界泰斗姚慕双等。因斗蟋蟀一度演变成一种赌博手段，20世纪50年代，上海市政府禁止了这项活动。到了20世纪80年代，斗蟋蟀作为一种非物质文化重新回到了上海民众的视野中，浏河路、文庙路、曹安路等处形成了专业的蟋蟀市场，斗蟋蟀文化的爱好者茶余饭后可以前去消遣。

21世纪以来，斗蟋蟀作为一种日常的休闲方式在上海更广泛地活跃起来。普陀区的岚灵花鸟市场成为上海知名的蟋蟀交易场所，七宝古镇由政府出资建立了展现七宝蟋蟀文化的"蟋蟀草堂"，各种斗蟋蟀的赛事不仅有报纸报道，甚至还有电视直播。同时，现代技术的引入让斗蟋蟀的用具、方式发生了变化，出现了塑料制作的透明斗栅、称量蟋蟀的电子秤、科学调配的蟋蟀营养剂等，运用生物学知识分析蟋蟀品种、讲究科学喂养的人也越来越多。现在，斗蟋蟀斗的不仅是蟋蟀，还有它们背后的技术力量！

■ 王燕华

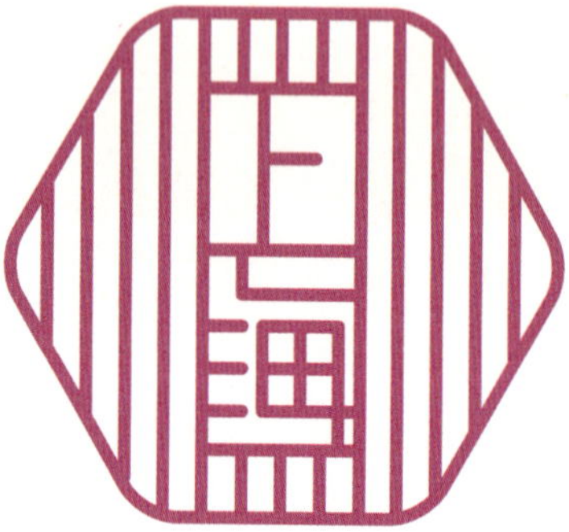

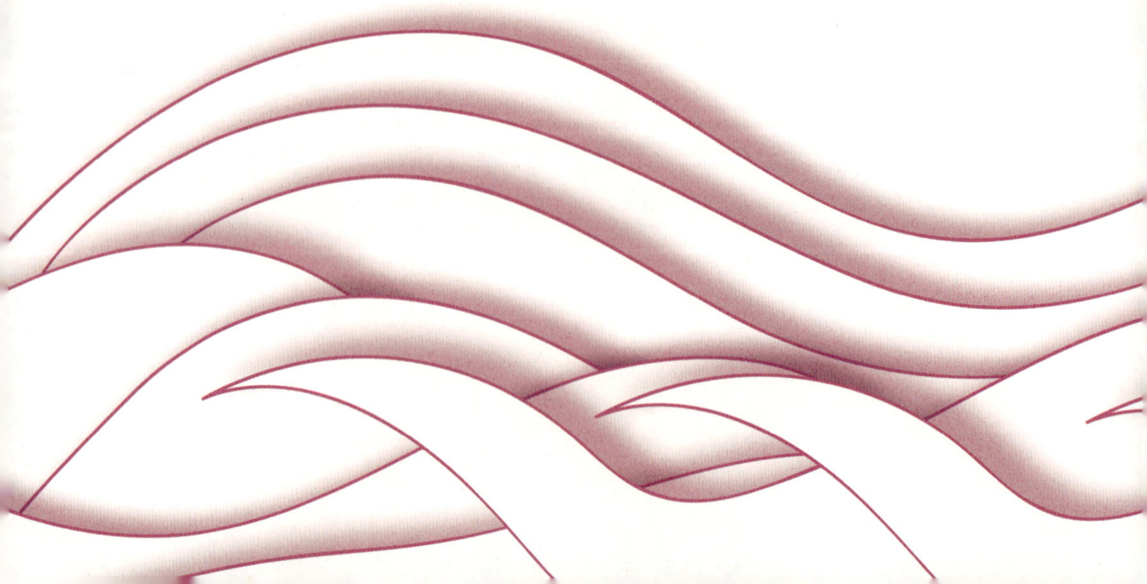

叁

上海・艺术

叁　上海·艺术

导　言

上海历史上深受传统吴越文化的影响，细、柔、雅是上海的文化个性，艺术审美也多受此影响。明代，上海所在的苏松地区是中国的棉纺织业中心，家家纺织，经济富足，为大众娱乐休闲文化的兴起提供了肥沃土壤。这一时期，文人喜诗酒、好声歌，出现士大夫阶层热衷戏曲的现象，促进了戏曲创作的蓬勃繁荣。

近代以来，移民的涌入为上海带来了大量的文化人才。在浙江大受欢迎的越剧等外地戏曲也随之传到上海，外地戏曲和本地艺术融合后，形成了沪剧、滑稽戏、浦东说书等上海文化的艺术瑰宝。西洋音乐也在此时进入上海。经受浪漫主义洗礼的西洋音乐十分注重个人表达，优美的旋律中充满着真挚的情感，或宁静、典雅，或震撼、鼓舞，或欢喜、快乐，或悲伤、惆怅。求新求变的上海音乐人敏锐地嗅到西洋音乐不同于东方古典音乐的优长，开始孜孜不倦地探索西洋音乐和中国民族传统音乐的结合之道，小提琴协奏曲《梁祝》便是这一探索的代表成果。

兴起于上海民间的月份牌画见证了上海人审美情趣的变化，蓬勃而出的郊区新艺术——金山农民画、崇明灶花讴歌了新农村的美好生活。位于上海西南部的松江，人文积淀深厚，素有"上海之根"的盛名。这里工匠荟萃，盛产特色手工艺品。松江露香园的顾绣，享誉天下，领一时之风骚。

从艺术可以窥见上海的传统，发现上海的创新，了解上海的风情。接下来就请跟随我们的脚步，一起领略上海艺术的细、柔、雅。

沪剧

一剧天然万古新

最有上海地方色彩的戏曲，首推沪剧。沪剧起源于吴淞江和黄浦江两岸农村的山歌，最早在清中期嘉庆年间已有记载。当时，农民们喜欢三五成群地聚在一起，把村子里发生的趣事和劳动见闻，你一言我一语地用当地话唱出来，有人还会顺手拿脸盆或者家里的碗碟来伴奏，这样便形成了早期的戏曲——滩簧。

清朝末年，滩簧艺人许阿方在上海县城新北门、十六铺一带卖艺，深受百姓喜爱。后来，许阿方、庄羽生等人在四马路（今福州路）附近的升平楼茶园登台坐唱演出，有了自己的专场。许阿方等人的滩簧被称为"本地滩簧"，简称"本滩"或"申滩"，后来易名为"申曲"。

1941年，上海沪剧社成立，申曲改称为"沪剧"。沪剧社演出开始使用固定剧本，舞台软景改为立体布景，化妆改水粉为油彩，注重灯光效果，这些都引得各个剧团相继效仿。沪剧富有江南气息，音乐委婉柔和，曲调优美动听，在演唱时通过巧妙的节奏变化适应剧情发展和人物感情。伴奏乐器以竹筒二胡为主，辅以琵琶、扬琴、三弦、笛、箫等江南丝竹乐器，后来还吸收了少数广东乐器，使一些广东乐曲的音调融入唱腔中。《秋海棠》《啼笑因缘》等都是当时的重要剧目。

很多经典的沪剧剧本内容都取材于真实生活，有的反映江南乡村爱情，有的表现底层社会人民的艰辛，有的劝人为善，有的反映沪上民俗。沪剧经典《陆雅臣》就讲述了一个纨绔子弟改邪归正的故事。

叁　上海·艺术

沪剧表演

话说清朝乾隆年间，松江府青浦县有一个叫陆雅臣的富家子弟。他从小就好吃懒做，后来沉迷赌博，挥金如土，终日在赌场玩乐，输到家徒四壁仍不知悔改，甚至为了筹集赌资而计划卖掉自己的妻子。恰巧此时岳母来探望女儿，看到女婿如此不成器，便苦口婆心地劝导。无奈陆雅臣已经鬼迷心窍，岳母只能拿出一百银元把女儿"买"回娘家。

很快，陆雅臣在赌场上将卖妻子的钱又尽数输光。深夜，失魂落魄的他返回家中，看着空空如也的屋子，悔恨交加，决意悬梁自尽。这时，邻居蔡伯伯正好从其门口经过，将他救下，并劝他改过自新。邻居们看他确有悔过之心，就带他去妻子娘家认错。陆雅臣在妻子和岳母面前痛哭流涕、请罪认错、立誓戒赌，最终取得了妻子和岳母的谅解，夫妻二人和好如初。

另一部沪剧经典《庵堂相会》，则描写了一个民间爱情故事。陈阿兴和金秀英青梅竹马，双方父母给他们早早定下婚约。后来，陈家家道中落，甚至到了寄居庵堂的地步，而秀英的父亲却经商发财。金父嫌弃陈家贫穷，想要悔婚，秀英始终没有答应。一次，秀英打听到阿兴栖身在百草庵，于是，在这年清明节便以到百草庵烧香为由偷偷去见阿兴，但途中受困于独木桥前。所谓"无巧不成书"，阿兴此时也要过桥，两人九年未见已不认得对方，只是觉得面熟。秀英借故让阿兴搀扶自己过桥，两人用儿时往事互相试探，走到庵堂时终于相认。秀英和阿兴表白心迹后决定坚守爱情，因秀英家中不同意这门婚事，两人就约定等秀英父母端午节那天去看龙舟时，阿兴悄悄前往金家迎娶秀英。只要拜堂成亲，秀英父母就无法再抵赖。两人商量好办法后，依依惜别，约定端阳再会。……

到了20世纪50年代，沪剧发展达到鼎盛时期。上海人民沪剧团成立以后，剧团演出了《星星之火》《为奴隶的母亲》《芦荡火种》《鸡毛飞上天》《红灯记》等现代剧，并重新演绎了《女看灯》《庵堂相会》等一批传统剧目，赢得了沪剧观众的广泛喜爱。

沪剧是20世纪上海地域文化的典型代表。相较于其他剧种，沪剧的独特之处在于擅长表现上海人民的日常生活，它反映了上海这座近现代中国大都市的社会风貌，是中国戏曲弥足珍贵的艺术遗产。

■ 闫华芳

叁　上海·艺术

滑稽戏

笑的艺术

滑稽戏是上海传统戏剧之一，形成于清末民初至抗日战争中期，是由上海的"独角戏"在吸收中外喜剧、闹剧和江南各地方戏曲后，逐步形成的新兴戏曲剧种，主要通过演员夸张的表演，表现人物的喜怒哀乐。滑稽戏流行于上海、江苏、浙江，之所以被称为"笑的艺术"，是因为演员在笑声中表演喜剧故事，表现日常生活中的矛盾冲突与人物的复杂性格，目的是使观众产生共鸣后发出笑声。因此，衡量一部滑稽戏是否成功，关键是看观众是否会发出由衷的笑声。

一部滑稽戏，无论剧情简单与否，总会包含着不同个性的人物。这些人物不论是正派还是反派，身上都有喜剧性的一面，即角色对白或肢体语言令人发笑的一面。在经典滑稽戏中，喜剧性的语言是能否产生强烈的喜剧效果的关键，它决定了表演能否成功，因此演员需要有扎实的方言功底。

作为地方戏曲，上海滑稽戏在创作内容上与沪剧类似，并且都源于民间、扎根民间。不同的是，沪剧来源于上海的乡村地区，而滑稽戏则来源于上海的城镇，特别是城市底层。所以，滑稽戏对以上海为背景的影视作品的影响更大。现在，反映上海市民日常生活的电视剧依然带有非常鲜明的市民化特征。

上海滑稽戏出了姚慕双、周柏春、袁一灵、杨华生、李九松、王汝刚等一大批表演名家，他们出演的很多经典剧目都深深地留在了上海市民的心中，如《三毛学生意》《七十二家房客》《苏州两公差》《满园春色》《满意不满意》等。

上海　兼收并蓄的活力之都

滑稽戏表演

其中，《七十二家房客》是上海滑稽戏中最为观众津津乐道的剧目之一，它将上海市民阶层的市井生活搬上舞台，轰动一时：20世纪40年代，在上海的一幢石库门内，租住着七十二家房客，他们是老山东、老裁缝、小宁波、杜福林、杨老头、小皮匠、舞女韩师母、金医生等人。这些房客都很贫穷，租住的房间小得像鸽笼。他们平时为了生计各自奔忙，但每当鱼肉乡里、欺压房客的二房东和流氓炳根来时，这些平日里吵吵闹闹的房客们就会变得空前团结勇敢。房客小皮匠、杜福林和金医生等人爱打抱不平，被二房东和炳根视为眼中钉。

为了逼迫这几人搬家，二房东和炳根收买警察局长到石库门收房子，并趁机敲诈众房客。为了达到不可告人的目的，二房东还和炳根串通，打算把自己16岁的养女阿香嫁给60岁的警察局长当小老婆。但在众房客的

叁　上海·艺术

帮助下，阿香和与自己相怜相惜的小皮匠最终双双逃走。在这一过程中，坏人们闹出了种种笑话，都没落得好下场，这也印证了中国的一句老话——多行不义必自毙。

《七十二家房客》是上海滑稽戏的代表作，剧中经典的上海石库门建筑、地道的上海话以及各种上海的生活场景，原汁原味地呈现了上海这座城市的独特风味，让几代上海人对此剧始终难以忘怀，如今仍津津乐道。现在，《七十二家房客》不仅是上海戏剧学院部分学生的必学剧目，还多次登上话剧舞台并被拍摄成影视作品。滑稽戏作为富有喜剧效果、舞台魅力的戏剧艺术，也在传承中吸收了更多年轻的血液，成为上海艺术的骄傲。

■ 闫华芳

《梁祝》

交响乐中的凄美爱情

1957 年，24 岁的何占豪考入上海音乐学院管弦系进修班。后来，他和同学陈钢创作了一首将中国民族风格融入小提琴演奏中的协奏曲——《梁山伯与祝英台》（简称《梁祝》）。这是一首根据有东方"罗密欧与朱丽叶"之称的"梁山伯与祝英台"的故事创作的协奏曲。

"梁山伯与祝英台"是中国家喻户晓的凄美爱情故事。相传，东晋会稽郡上虞县（今浙江省绍兴市上虞区）有一个名叫祝英台的女孩。她非常喜欢读书，但由于当时的社会不允许女孩抛头露面，她就女扮男装，前往书院求学。途中，她遇到了同样前去求学的梁山伯，二人一见如故，结伴前行。

同窗三年，梁山伯和祝英台同游同学，形影不离。祝英台早已对梁山伯芳心暗许，但梁山伯却毫无察觉，始终不知祝英台是女儿身。一年清明节，书院放假后二人外出游玩，祝英台趁机向梁山伯表明身份和心意，梁山伯惊讶之余也大感欣喜。游玩结束时，两人依依惜别，约定梁山伯之后前往祝家提亲。但是，当梁山伯赶到祝家时，却被告知祝英台已被许配给马文才，这让他肝肠寸断，伤心不已。

梁山伯回家后相思成疾，一病不起。他写信给英台，告诉她自己相思难解，已病入膏肓。而祝英台回信说，尽管两人今生无缘，只盼死后合葬。梁山伯死后葬于南山，祝英台出嫁当天途经此地，不禁悲从中来，于是便主动下轿，在他坟前嚎啕大哭。突然，阵阵阴风袭来，只见梁山伯的坟墓

叁　上海·艺术

裂开一道口子，祝英台纵身跃入，殉情于此。不久，从梁山伯的坟墓里飞出了一对形影相随的蝴蝶，它们在山间无拘无束地翩跹飞舞。

梁山伯与祝英台的爱情不敌现实的残酷，以死亡作为终结，具有强烈的悲剧色彩，展现了爱情穿越生死的伟大力量。1959年，《梁祝》在上海音乐厅由18岁的小提琴演奏家俞丽拿独奏首演，此后便广获好评，成为中国音乐殿堂中经久不衰的经典曲目。

在《梁祝》的创作者何占豪看来，"外来形式民族化"是他音乐创作的主要动力，作为音乐学院的学生，应该把"小提琴拉中国曲子"这一职责承担在自己的肩上，所以在这首曲子的创作上，他融入了这一使命。

《梁祝》为单乐章标题协奏曲，原型是一首用越剧曲调创作、适用于西洋乐器演奏的四重奏。全曲包括呈示部、展开部、再现部，对应《梁山

交响乐《梁祝》表演

伯与祝英台》"草桥结拜""英台抗婚""坟前化蝶"三个片段。小提琴独奏则借鉴了中国二胡的表现技巧，一曲下来可谓"中西合璧"。

呈示部，在婉转优美的引子之后，奏出了诗意的爱情主题。活泼的回旋曲描绘了梁山伯和祝英台同窗三载的深厚情谊。大提琴和小提琴的和鸣、独奏交相辉映，时而轻松愉快，时而婉转低吟，娓娓诉说着两个年轻人坚定相爱的内心情感。随着曲调节奏放缓，祝英台返乡、梁山伯十八里长亭相送的场景映入眼帘。

展开部的主题是抗婚。小提琴与乐队奏出两个相互对抗的旋律，淋漓尽致地表现了祝英台反抗其父包办婚姻的决心。等梁山伯到祝府提亲、二人互诉衷肠时，小提琴与大提琴又变得缠绵柔情。此后，梁山伯病逝，小提琴的声调凄厉高昂；祝英台哭灵投坟，低音锣声悲怆感人，全曲步入高潮。

再现部在轻盈飘逸的弦乐衬托下，爱情主题再现。梁山伯和祝英台化为一对蝴蝶，在花间欢快自由地飞舞，生生世世永不分离。

这首表现永恒爱情主题的协奏曲《梁祝》，是上海音乐人演绎美好爱情故事的代表之作。作为全球演出和录音版本最多的中国管弦乐曲，《梁祝》也是世界人民了解中国音乐的必听曲目，被誉为"为中国创造民族化交响乐开拓一片绿野"的"不朽的民族音乐经典"。

■ 闫华芳

叁 上海·艺术

月份牌画

市民生活的时尚

古往今来，过年时中国人有张贴年画的传统风俗。20世纪20年代，上海产生了一种新型年画，因其画面附有年历而得名为"月份牌画"，受到了上海市民的广泛欢迎。

月份牌画的出现与商品广告有关。鸦片战争之后，上海来了很多外国洋商。这些洋商不但把本国的货物带到中国，也带来了当时在西方逐渐流行起来的广告。受西方广告营销方式影响，他们送给顾客带有商店标志的广告画，希望能借此揽客。

不久后，外国商人们发现商品销量并没有提高。一打听才知道，问题就出在这些赠送出去的画上。原来，洋商多将外国美女、骑士战争、动植物图案等制成广告画，但这些比较陌生的内容和形式，并不受中国人欢迎，这样的广告画也没有获得好的营销效果。所以，如果想通过广告画提高商品销量，就必须对其进行入乡随俗、因地制宜的改良。

于是，商人们把广告设计的目光投向了中国人喜闻乐见的本土故事。他们开始在广告上画中国人喜爱的民间故事中的英雄人物等形象，并将其赠送给顾客。过段时间后，他们发现中国人有查看年历的习惯，就把画印在了西方公历和中国农历结合的年历上，并在年历上打出镶有铜边的小孔，从而方便悬挂。这种年历首先在上海开始销售，没想到效果出奇好，于是全国各地都争相仿效。后来，人们便把年历上的画叫作"月份牌画"。

月份牌画出现之后，很快在社会上流行起来，它不仅是商品，还是一

上海　兼收并蓄的活力之都

月份牌画

种时尚的象征，博得了社会大众的喜爱，很多上海人逢年过节都会订购上海的月份牌画，将其当作礼物赠送亲友。当时，上海最大的两个出版机构——商务印书馆和中华书局，有专门的月份牌画制作部门，各大报馆也纷纷成立了印制月份牌画的专业部门。此外，北方的一些印刷公司也仿照上海月份牌画，制作出具有北方特色的商品。

上海月份牌画大多出自知名画家之手。当时最活跃的两个代表性人物是郑曼陀与杭稚英。郑曼陀是上海月份牌画的一代宗师，他的创作代表了月份牌画早期的风格。他发明了一种叫作擦笔水彩的画法，即将中国传统绘画中的人物画法和西洋水彩画结合，在淡化人物线条的同时，用炭精粉和水彩相互配合渲染，这种画法最能彰显东方女性身形与神态的优雅之美。

20世纪30年代，杭稚英取代了郑曼陀的地位。今天我们看到的民国时期的月份牌画，很多都是杭稚英的作品。杭稚英最擅长画时尚的旗袍女郎，并且还会根据时装流行趋势的变化，对绘画作品中的人物进行调整。当时上海的旗袍出现了无袖紧身的款式，杭稚英笔下的旗袍女装就结合这一变化，呈现出紧、瘦的特征，反映了时代的审美发展。

中华人民共和国成立后，月份牌画多反映新的生活、劳动生产场景等方面的内容，展现新时代社会积极向上的形象。月份牌也逐渐发展为挂历，印制更加精美，并且由单幅变为多幅，内容包罗万象，有娱乐明星的照片、传统的山水花鸟、体育比赛的精彩瞬间等等，合起来就是一本具有实用价值的画册。现在，随着科技的进步和物质水平的提高，家家户户对挂历的需求越来越小，月份牌画和挂历画也逐渐变为收藏品。那一张张鲜活的画作，承载了上海人对往昔岁月最美好的回忆。

■ 闫华芳

越剧

天上掉下个林妹妹

越剧是具有传统东方文化特色的戏剧，被称为"第二国剧"，与京剧、豫剧、评剧以及黄梅戏并称为中国五大戏曲剧种。2006 年，越剧被列入首批国家级非物质文化遗产名录。

越剧的前身是清末流传于浙江省嵊县（今浙江省绍兴市嵊州市）农村的"落地唱书"。清光绪三十二年（1906 年），唱书艺人搭了简易戏台，把落地唱书搬上舞台，开始了舞台剧的尝试，这种表演当时被叫作"小歌班"。之后，经历了绍兴文戏阶段，最终才被定名为"越剧"，代表作品有《红楼梦》《梁山伯与祝英台》《杜十娘》《西厢记》《追鱼》《白蛇传》《五女拜寿》等。

20 世纪 20 年代，女子越剧出现，唱戏成为许多贫家少女解决生计、改变命运的一条出路。一批批懵懂的女孩沿着剡溪水、曹娥江，哼唱着婉转的旋律，一路跋涉来到黄浦江畔的大上海。这其中，就有后来成为越剧大师的王文娟。

1926 年，王文娟出生于浙江省嵊县。嵊县是越剧的发源地，王文娟从小就跟着母亲看戏，听她讲戏文故事。12 岁时，王文娟决定去上海学戏，母亲帮她准备好行囊后，稚气未脱的王文娟便独自一人前往陌生的上海，前去投靠当时已是越剧名伶的表姐竺素娥，并拜竺素娥为师，跟着她学习越剧。

1938 年起，随着越剧艺人们源源不断地涌入上海，越剧的重心也逐渐

叁　上海·艺术

越剧《红楼梦》

从浙江转移到了上海。此时，越剧的表演题材大部分是古装文戏，多以演绎"才子佳人"的故事为主。越剧里女子也是可以唱男腔的，王文娟起初学的就是小生，但因脸比较小，才改学花旦。就这样，王文娟开始了自己的越剧表演生涯。竺素娥经常对王文娟说，只有把基本功学扎实，才能真正把戏演好。因此，王文娟练习基本功时不敢有丝毫懈怠，她立志一定要把戏学好，人们也经常能看到她自己一个人在后台默默练功，琢磨角色。

许多中国人都听过这样的一句唱词——"天上掉下个林妹妹，似一朵轻云刚出岫。"这句耳熟能详的唱词出自越剧经典《红楼梦》。只要提到越剧《红楼梦》，人们就一定会想起王文娟。

1958年，王文娟与徐玉兰合作的越剧《红楼梦》在上海共舞台首演。她在剧中扮演饱读诗书、清高孤傲的林黛玉。为了演好林黛玉这个角色，王文娟不仅反复练习演唱技巧，还对人物的内心世界进行揣摩。演出前的一段时间，她几乎待在家里不出门，静下心来研究《红楼梦》小说，力求达到戏曲与角色的完美融合。正是在这样全身心的投入下，她演活了人们心中的林黛玉，越剧《红楼梦》连演多场，场场满座，她塑造的林黛玉成为不朽经典。到1962年越剧电影《红楼梦》上映时，上海出现了万人空巷的热烈场面，这让王文娟的"林妹妹"形象更加深入人心。

随着越剧的发展壮大，上海涌现了许多优秀的表演艺术家，形成了风格各异的艺术流派，有尹桂芳的尹派、袁雪芬的袁派、范瑞娟的范派，而王文娟也开创了以善于表现人物内心丰富情感著称的王派。

2021年，王文娟病逝。她用炽热的心和坚定的身影，把一生都献给了越剧。正如她自己所说："如果算是侥幸有所成就的话，只不过是这一辈子没有太多杂念，把有限的能力全部投入到演戏这一件事情上。"

在中国所有地方剧种中，越剧几乎是汲取都市文化养料最多的，从舞台布景到声光电的运用，从戏曲伴奏引入西洋乐器到新潮戏服、现代剧目的开发，从广播、电视到用互联网上的现代媒介平台做宣传，越剧在上海的百年演变，展现了一门地方剧种不断适应时代需求、创新求变、焕发出蓬勃生命力的发展历程。从温婉诗意的剡溪出发，一路闯进风云际会的上海滩，越剧谱写了中国戏曲的华丽篇章，也向世界展示了中国艺术的独特之美。

彭婷

浦东说书

中国说唱艺术

浦东说书是上海土生土长的说唱艺术，在浦东尤其受人欢迎。这种说书又称"沪书""农民书"，因表演者单手击打钹子，也称"钹子书""敲刮子"。浦东说书大多是以论忠孝、赞侠义、讲尽忠报国的历史故事为主要内容，教人向善，代表曲目有《施公案》《包公》《水浒》《岳飞》《霍元甲》等。

顾秀春是浦东说书的创始人，生于清朝嘉庆年间。他12岁时，父母亡故；13岁时，到地主家当放牛娃。每天做工结束后，一同干活的长辈们常常给他讲各种各样的故事，还教会了他唱山歌。顾秀春十分羡慕有钱人家的小孩可以去私塾念书，所以经常跑到私塾旁听，逐渐认识了一些字。他常常绘声绘色地给人们讲述平时听到的历史故事，因此练成了极好的口才。

有人欣赏他讲故事的才能，就给他出了个主意，让他去集市的茶馆里讲故事。顾秀春听后觉得不错，就踏进茶馆，讲历史故事，获得了茶客的好评。又有人建议，如果可以说中有唱，那效果肯定更好，于是他将自己积累的山歌，穿插在故事之中，形成了有说有唱的表演形式。为了丰富说唱形式，他还到附近城隍庙借来了镋锣、铜钹和一面破碎缺角的钎钹，用一根竹筷试着敲打节奏，边敲边唱。

从此，这种自敲自演、又说又唱的艺术开始广为流传。说书人不仅用浦东方言谈古论今，向大众讲述人生百态，还会引入其他方言，如县官老爷的太太说扬州话，师爷说绍兴话，小皮匠说苏北话，彪形大汉说山东话，而大学生十有八九讲的是北京官话，这使表演内容更加活泼有趣、引人入胜。除此之外，浦东说书的艺人还能模仿各种声音，如刮风、下雨、打雷、马嘶、鸡鸣、虫鸣等，生动形象，惟妙惟肖。

铜钹是说书人重要的演出道具，这面餐盘大小的"吃饭家伙"是"不刮不响，不响不唱"——不敲出声响，就不可能唱响，这也是这门民间曲艺的心窍。所谓敲出声响，并非简单地击打铜钹，而是讲究敲的力度与节奏。要敲得清脆，才能让人放下手头营生凑过来听；要敲得明快，才能将观众带到故事里去。就这样，浦东说书慢慢在茶馆里站稳了脚跟，醒木一拍，茶客顿时鸦雀无声，竖耳聆听。

1936年，后来被称为浦东说书"末代皇帝"的施春年出生在上海，他自幼受到家传说书的熏陶，从孩提时代起就常常跟随父亲去听书。小学三年级时，他就已经是一名故事员了，在学校里为同学们讲故事，说得头头是道。15岁那年，父亲让施春年正式拜说书艺人季凤山为师，开启了说书生涯。每到一个地方，他都会把说书内容和当地故事联系起来，拉近和听众的距离，增加听众的亲切感。有一次，施春年到北蔡茶馆说书，发现许多农民因为赌博围着桌子吵吵嚷嚷，于是就在说书中讲述了赌博的危害性，劝说人们戒赌。这是浦东说书的一大特点，讲的虽然是历史，但却能随机应变，寓教于乐。

2008年，浦东说书被列入第二批国家级非物质文化遗产名录，这让浦东说书得到了更好的保护和传承。如今，浦东有两个说书传承基地——北蔡镇中心小学和北蔡中学，从教中小学生上海话开始，培养学生们的兴趣，发掘说书的好苗子。说书声和敲打钹子的声音又走进了茶馆、书场、社区、学校，康毅等优秀的非遗传承人定将不遗余力地弘扬这门艺术，浦东说书也必将经久不衰、熠熠生辉。

彭婷

叁　上海·艺术

顾绣

女中神针

一天，初二女生吕静收到了老师布置的一项特殊作业——学习刺绣。

回到家里，吕静兴奋地跟妈妈说了学习刺绣的事。于是，妈妈帮她报名后，带着吕静来到了上海徐汇区一所大学里的顾绣艺术中心。在教室里，一位女老师摆出几个针线盒，从里面取出一支细细的银针、各种颜色的丝线、一把剪刀和几张白色的图纸，七八个女孩静心屏气地注视着老师的示范。示范结束后，吕静在老师的指导下开始穿针引线。这是她的刺绣初体验，尽管手不小心被银针扎了一下，绣出来的线条也歪歪扭扭的，但最终能够完成，吕静依然非常开心。

接下来，老师向大家介绍起中国刺绣的发展历程，特别提到了发源于上海的刺绣艺术——顾绣。顾绣是我国唯一以姓氏命名的刺绣，它起源于明代松江府的顾氏家族，是一种以针代笔、以丝线作丹青、以名迹作蓝本的"画绣"。2006年，顾绣被列入第一批国家级非物质文化遗产名录。

老师的讲解勾起了吕静的好奇，她连忙问道："老师，您能讲讲顾氏家族的故事吗？"

老师点点头，继续说道："明朝嘉靖年间，松江府有一位叫顾名世的儒生考中了进士，后来在朝廷做了官。顾名世晚年告老回乡后，在上海修建了一座林园，取名'露香园'，他与家人一起在此居住，颐养天年。顾名世见多识广，艺术修养极高，在他的影响下，顾氏家族的女眷也十分喜爱艺术，精通丹青书法，尤其擅长刺绣，所绣的山水、人物、花鸟等形象

上海 兼收并蓄的活力之都

顾绣

都栩栩如生，因此顾绣又称'露香园顾绣'。"

吕静听后，愈加好奇，追问道："老师，您可以给我详细讲讲这些女眷的故事吗？"

老师微笑着，不紧不慢地讲起了这段关于顾绣的佳话。

提到顾绣，有几位女性不得不提。顾名世儿子顾汇海的侍妾缪氏绣艺高超，开创了顾绣这一流派。缪氏之后，将顾绣发扬光大的是韩希孟。韩希孟是顾名世的长孙媳，出身书香门第，是远近有名的才女。她的丈夫顾寿潜，是书画大家董其昌的弟子，书画涵养极深，对顾绣也情有独钟。韩希孟善于画花卉，所绘山水花卉笔墨清丽；此外也精通刺绣，在丈夫的影响下，她以针代笔，摹绣宋元名家书画，充分运用针锋特技和补色技巧来体现原画稿的神韵。她的刺绣作品擘丝极细，色调和婉，所绣山水、人物和花鸟鱼虫都极具神韵、生机盎然，因此确立了顾绣在当时刺绣艺术领域的卓越地位。如今，北京故宫博物院收藏的《韩希孟宋元名迹册》和上海博物馆收藏的《韩希孟顾绣花卉虫鱼册》等作品，都是中国刺绣史上的瑰宝。

韩希孟之后，顾家家道中落。进入清代，顾名世的曾孙女顾兰玉将顾绣技艺传承了下去。顾兰玉开设刺绣作坊，广收学徒，将家传的顾绣技艺毫无保留地传授他人，于是顾绣之名传遍江南。从此，顾绣摆脱了家族内部传承，通过师徒授受的方式，生生不息。

吕静认真听完老师的讲述，感叹道："原来这门古老的技艺是这三位了不起的女性开创传承的啊！"接着，意犹未尽的吕静继续问道："老师，顾绣到底好在哪里呢？"

"顾绣的特点有五个：第一，将刺绣和绘画结合起来，半绘半绣，画绣结合；第二，针法丰富多样，技法多变；第三，运用中间色化晕，配色精妙清新；第四，绣针细如发丝，所用丝线更是比发丝还要细；第五，专绣书画作品，很多书画作品的样貌都在顾绣中保存下来，这也是顾绣最独特的一点。"老师回答道。

最后，老师还分享了一个小故事。明末有位文学家叫谭元春，游历江南时，一位友人在宴会中送给他一幅绣着佛像的顾绣，他看完后赞叹道上海顾绣，女中神针也！"

■ 彭婷

金山农民画

江南乡土艺术新苗

金山农民画是上海市金山区的民间传统艺术，最早出现于 20 世纪 50 年代，而后在 70 年代真正成为一个艺术品种，是金山乡村文化的一朵奇葩。2007 年，"金山农民画艺术"被列入上海市第一批非物质文化遗产名录。

金山位于上海西南郊，美丽富饶的自然环境孕育出金山人民热爱艺术的性格。金山人喜欢通过美术作品描绘江南水乡的田园风光，并且在绘画中加入刺绣、剪纸、蓝印花布、灶壁画、漆画等民间艺术中的表现手法，画作色彩鲜艳、风格简洁、想象丰富，既有江南水乡清新而芬芳的泥土风韵，也饱含着人们对美好生活的向往。

金山农民画一般表现乡村老百姓喜闻乐见的喜庆场景，寄托着美好寓意。画中没有锦衣玉食、高堂华屋，只有寻常院落、粗茶淡饭，记录着时代发展中普通老百姓的生活劳作和风俗习惯。1980 年，金山农民画首次在中国美术馆展出，登上了国内最高的艺术殿堂。同年，金山农民画赴比利时布鲁塞尔国际博览会展出，被国际友人誉为"中国最优秀的民间艺术"。1988 年，金山被文化部命名为"中国现代民间绘画画乡"。

1943 年生的陈富林是公认的金山农民画创始人，但他未曾料到，从小做泥瓦匠的他只因喜爱画灶壁画之类的农村图画，最终竟然能创造出一门艺术。2014 年，陈富林家所在的金山农民画发源地中洪村，就有 100 多户农民画的画家家庭，占金山区农民画创作队伍的"半壁江山"。

20 世纪 50 年代起，陈富林在工作之余将画布从灶台搬到纸面，劳作

叁　上海·艺术

金山农民画

　　之后常会支起画架来作画。当时物资匮乏,他最开始用的是植物颜料——黑色的锅底灰、红色的大芝麻、绿色的豆荚叶等,到后来经济转好,他逐渐用水彩着色。他说自己是在用画笔写日记,记录每天的农作场景和生活习俗。

　　后来,不仅陈富林的女儿陈修、陈惠芳耳濡目染,就连妻子王美英也拿起了画笔。王美英是村里出了名的"巧媳妇",在她的笔下,桃红柳绿

85

的乡村美景和裁衣、纳鞋、绣花等日常活计都入了画。陈富林的母亲当年也是一位拿起笔就能画的老画家。

现在，陈修和丈夫在枫泾镇创办了金山第一家农民画社；陈惠芳辞去工作，拾起画笔，专心画农民画，她的画室也坐落在金山枫泾镇。在陈惠芳看来，自己家庭的每个成员各有特色：父亲的画多是一些大场景；奶奶以前喜欢看戏，画中多展现庙会、走马灯等民间元素；母亲的画作中做鞋子、晒衣服等场景较多，生活气息浓郁；陈惠芳自己则更喜欢画一些细巧的东西。

2017年，陈富林全家一起合作了一幅长达26米的画作——《安居乐业图》，这幅画由陈富林构图、全家人共同上色，历时五年完成，堪称农村版的《清明上河图》。画中展示了农村的生活、劳动、风土人情，体现了江南水乡老百姓安居乐业的美好生活。

金山农民画在农耕文明中孕育，在民间美术融合中成长，以其独特的风格受到中外美术界赞赏。它保留了人类天真奇特的想象力，用朴素简洁的笔触呈现江南水乡的独特风韵。每一幅农民画仿佛都在诉说着一个动人有趣的故事，体现了人们对家乡的深厚情怀、对生活的无限热爱。

■ 彭婷

叁 上海·艺术

崇明灶花

万家烟火仍留香

有着上千年历史文化的崇明岛是中国第三大岛，被誉为"长江门户""东海瀛洲"。自唐代起，长江中有沙洲冒出，人们开始在上面生活。五代十国时，南方政权开始在此设立行政区。此后，小小的沙洲越来越大，上面的居民也越来越多，它因此逐步发展壮大，直至成为今天上海的一个区——崇明区。

以前，崇明百姓做饭靠的是三眼大灶。如果说崇明灶壁和上海其他地方的灶壁有什么区别，那就是崇明的灶壁上画有其他地方很少见到的灶花。崇明灶花是上海的传统民俗艺术，至今已有800多年历史，关于它的由来，有这样一段传说。

南宋嘉定年间，由于崇明岛地理位置优越，是得天独厚的煮盐场所，朝廷便在岛上设天赐盐场。当时，官府把一大批囚徒押送到这里，命令他们煮海水烧盐。繁重的劳动之余，有人用烧盐时没有燃尽的柴火在盐灶上涂涂画画、自娱自乐。渐渐地，这个做法传到了岛上的普通人家。后来，有人离岛去学习泥瓦匠手艺，等他学成归来后，给家里负责烧火做饭的母亲砌了一座新灶，还在灶头上画上了鸡、鸭、鱼等图案。他乐观地对母亲说："谁说我们穷人家只能靠吃野菜和粗粮过日子，我们一定也可以吃上画上食物做的菜！"于是，在灶头上作画逐渐在崇明流行起来。

过去，崇明家家户户都有烧菜煮饭的灶头。为避免烧柴火时产生的烟灰熏人，后来修灶时一般都会在灶口上砌起一堵墙加以遮挡，崇明人称之

上海 兼收并蓄的活力之都

崇明灶花

为"灶山"。神话中说,灶头上住着灶王爷,负责管理各家的灶火,掌管各家的祸福。崇明人觉得如果谁家的灶头上不画花,只简单刷上一层石灰浆了事,就会惹灶王爷生气。因此,人们都在灶山上画灶花献给灶王爷。

崇明的泥工瓦匠们经常就地取材,用刮下的锅底灰和崇明老白酒一起调制成墨汁,然后在粉刷得雪白的灶山上信手绘就各式各样的灶花图案。崇明灶花主要表现五谷丰登、六畜兴旺、神话传说、山川景物等,寓意吉祥富贵、平安喜庆,承载着人们对幸福生活的热烈期盼,寄托着人们对美好未来的深情向往,如灶上画"竹"寓意"竹报平安",画"鱼"表示"年年有余(鱼)"。

在崇明区向化镇,有一位70多岁的黄汉生师傅,人称"灶花达人",他进行灶花创作已有40多年,在他的笔下,花鸟鱼虫都变得活灵活现。

黄汉生在农村长大，初中毕业后，跟着一个泥水匠师傅学手艺，当起了泥瓦工。因为他有点绘画的底子，师傅就开始教他画灶花。凭借不错的学习能力，他很快便成为远近闻名的灶花师傅。为了把灶花画得更加传神，黄汉生攒钱买了一台相机和胶卷。从那以后，他每天随身携带相机出门，将能够作为灶花素材的景物都记录下来。黄汉生说："崇明人的灶台上没有重复的灶花，自己画的灶花也都是即兴之作，不打草稿，不作修改，下笔为准。"

如今，随着人们烧饭做菜的土灶被燃气灶取代，只有在偏僻乡村的老屋里才能看到老灶头。为了传承和发展崇明灶花这一民间艺术，2007年，崇明灶花被列入上海市第一批非物质文化遗产名录，黄汉生也正式成为崇明灶花的传承人。此后，崇明向化镇每年都会举办灶花艺术节，当地政府还投资修建了崇明灶文化博物馆，力求让崇明灶花代代相传。

2019年，黄汉生接到了一个重要任务——为10月召开的第十四届崇明灶花艺术节画一幅画，表现向化老街风景。为了真实呈现向化镇的民俗风貌，黄汉生每天带着相机去采风，走遍大街小巷，还向当地老人了解向化老街当年的情景，哪里有米店，哪里是肉铺，他都一一记录了下来。黄汉生用了整整40天画出了一幅10米的长卷。这幅运用灶花技艺绘制成的《向化老街》，吸引了大批观众驻足观赏。

"莫道家中寻常事，万家烟火仍留香。"陪伴着祖祖辈辈一同成长的崇明灶花，是后人对过往岁月的美好记忆，是一份温暖的人间烟火气。

■ 彭婷

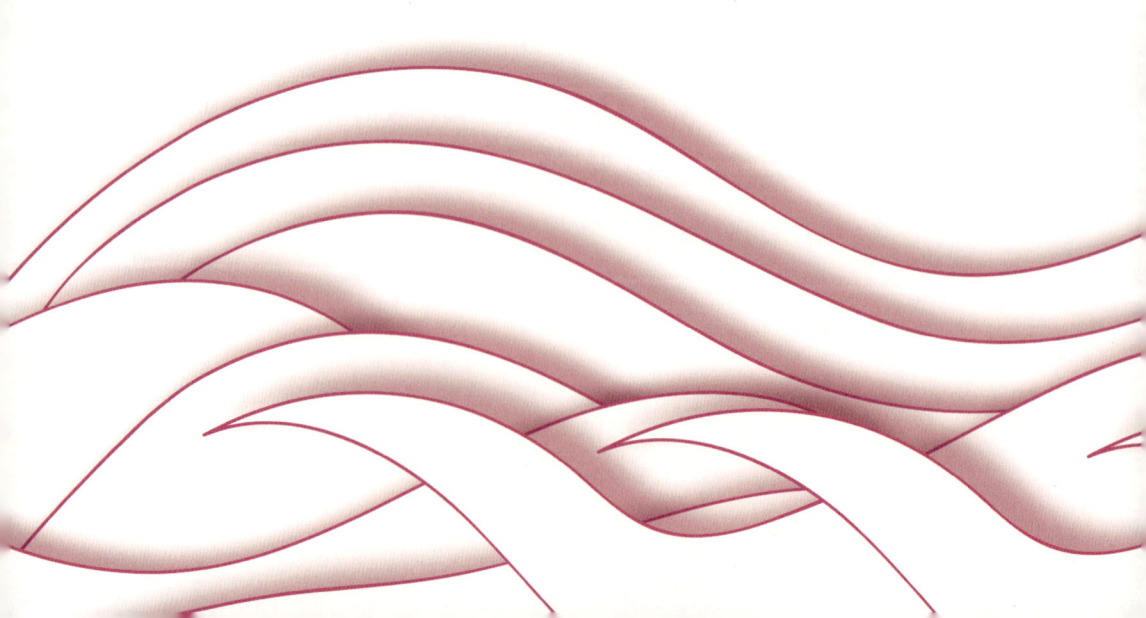

肆

上海·人物

肆　上海·人物

导　言

上海人杰地灵，一直以来都是长江入海口一颗璀璨耀眼的明珠。上海今天获得的发展成就，离不开在这片土地上一代又一代人们的奋斗拼搏。

那么，在上海的历史上，有哪些著名的人物为我们的社会发展贡献了力量？是谁推动了上海向前发展，并深刻地影响了周围的人们？

自唐代中期，上海地区出现了第一个县级行政区划华亭县后，上海地区的开发便进入了快车道。而这个县名，实际上与华亭谷有关。"百代文宗"陆机携胞弟陆云曾居住在此，谷中山水灵秀，又常有白鹤为伴，滋养了他们的文学创作。他们是上海人的诗文祖先，是上海最早的文化名人，他们的文章、诗歌为后世的文人所效仿。

古代的上海以"衣被天下"著称，它之所以能成为棉布纺织和交易中心，与黄道婆带来的先进棉纺织业技术有着直接的关系。黄道婆用纺织技术推进了当地的经济发展、改善了当地人民的生活，她的贡献值得大家铭记。而徐光启，则为上海带来了先进的科技和农业等方面的知识，被誉为"中西文化会通第一人"，他使上海人明白"取彼之长，为我所用"，学习先进知识的重要性。

上海也曾有过苦难的历史，但不屈不挠的上海人从不低头。明末清初，当清军拿着屠刀对着嘉定城时，侯峒曾和黄淳耀明知抵抗会使自己遭遇不测，但还是昂起头怒目对着敌人。他们是真汉子，是真性情的上海文人。

在文化艺术方面，上海同样有着举足轻重的地位。"中国现代文学的奠基人"——鲁迅，在黎明前的至暗时刻，鼓励了一批又一批的进步青年寻找光明；张元济对我国教育业、出版业作出了很大贡献，他组织编写的新式教科书风行全国，在中国近现代教育史上具有开创性的意义；刘海粟创办了现代中国第一所美术学校——上海图画美术院，打破了美术教育中的黑暗和束缚；巴金，在开满白玉兰的庭院里，创作和翻译了大量慰藉人民大众心灵的作品；而王安忆笔下的上海是弄堂里烟火气十足的日常生活。

上海作为一个举世瞩目的国际化大都市，它的精彩、辉煌、时尚和创新，与上海人的智慧、勇气永远相连。

陆机

百代文宗

上海市松江区的小昆山上,闻名遐迩的二陆草堂立于其间。从草堂出来,沿蜿蜒山路爬至山顶,有一座高耸的亭子,这便是今人熟知的"华亭",得名于松江的旧称。驻足华亭,眺望四周,每有山风吹过,耳边仿佛还能传来陪伴青年陆机和陆云在小昆山上的石桌旁晨读暮诵的清扬鹤鸣。悠悠千载,鹤已飞去,而风儿似乎还在追忆陆机这位唐太宗盛赞的"百代文宗"在动荡年岁中才华横溢的一生。

陆机生于三国孙吴永安四年(261年),是江东高门大族的陆家子弟。他的祖父是夷陵之战中一把火烧得刘备大败而归、抱憾死于白帝城的吴国丞相陆逊;其父陆抗曾任东吴大司马,领兵与晋国羊祜对抗;族叔陆凯也官至左丞相,是吴国后期的良臣、重臣。

陆机少有奇才,文章冠世。他虽生于鼎食之家,但一生遭际多舛:14岁时,父丧伯殁;20岁时,吴国的命运走向尽头,两位兄长又战死沙场;43岁时,遭构陷诬害致死。回望他短暂的一生,故里华亭早已和他的情思、才华融为一体。

国破家亡后,陆机与胞弟陆云隐退华亭,闭门勤读。华亭有数座清秀的小山,清泉茂林,连成一片,其间有华亭水、华亭谷,又常有鹤鸟栖息繁衍,故被当地人称为"鹤窠"。这里是其祖父陆逊的封地。陆逊因夺回荆州有功,被孙权封为华亭侯,此后,他这一支便居于华亭置办田宅,繁衍子嗣。

肆　上海·人物

　　在华亭的十年间，陆机虽有山水书卷为伴，可寄情茂林深泉，可倾听鹤唳清声，但熟读儒家经典，恪守礼法规范，自小视齐家治国、光耀祖业为己任的他无时无刻不以功名为念。每日每夜在他胸中隐隐翻涌着的，是满腹的家仇国恨和一腔报国之志。陆机不甘心陆家基业毁在自己手上，但故国已经是镜花水月一场空，他只能调整人生方向和政治道路。西晋武帝太康十年（289年）左右，陆机与陆云一同离开华亭，北上洛阳，力图在新朝寻找出路，重振家声。

陆机《平复帖》

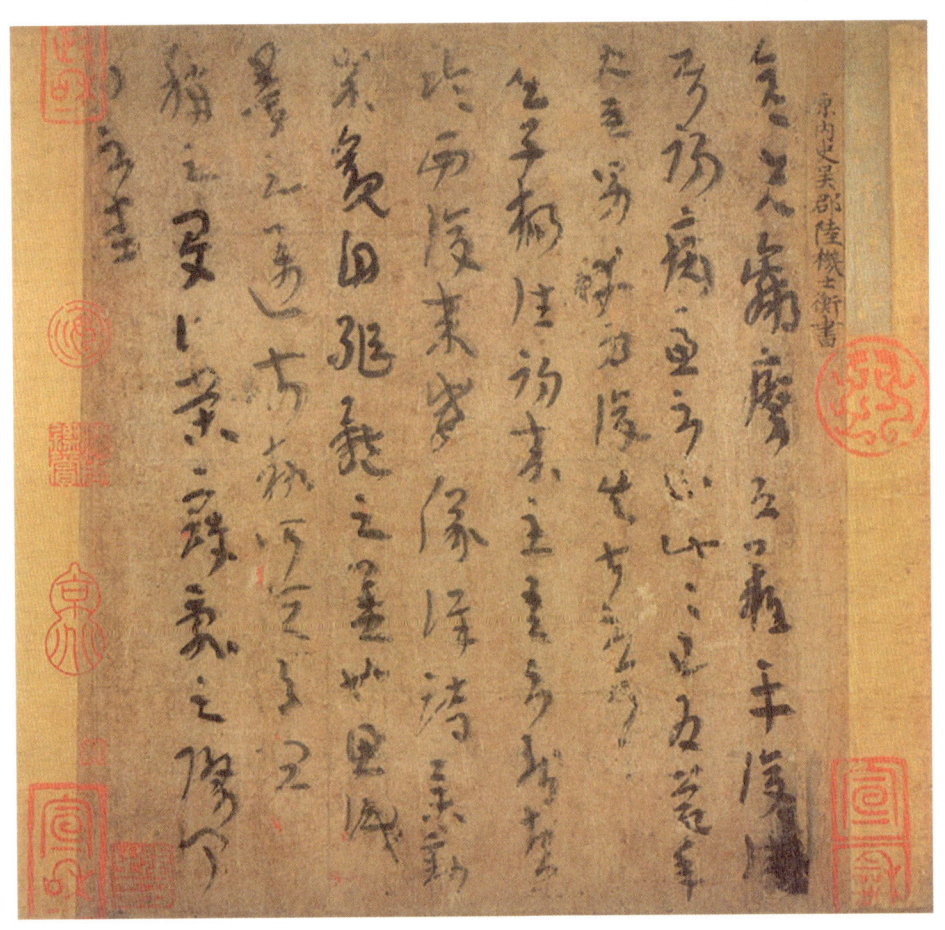

上海　兼收并蓄的活力之都

陆机和陆云擅长应对问答，与洛阳的清谈之风相得益彰，又因娴于辞令，具有出色的文学创作才能，二人不久便名噪中原文士圈。陆机的文章讲求音律，读来和谐优美；他重对偶，善用典，开创了骈文的先河。凭借精致的语言、新奇的想象，陆机的诗歌在西晋诗坛独树一帜，形成了"太康诗风"。他的代表著作有《文赋》《平复帖》《辩亡论》等。《平复帖》为现存最早的古代名家墨迹，被称为"法帖之祖"，原件现存于北京故宫博物院。

陆机常用植物的形象来论述文学问题，力求展现文章生动形象的美感。而对植物形象的使用，究其原因，与他的故里华亭密不可分。华亭地势平缓，树林密布，花草茂盛，其间有谷水拥伴，周围有九峰挺立，可谓山水环抱，风光秀丽。再观陆宅，建造有华丽的池亭，与华亭美景交相辉映。陆机和陆云在此共十年，自是从这一山一水、一花一草中吸取了无限灵感，从陆机在《文赋》中对植物形象恰如其分的使用便可见一斑。陆机是眷恋故土之人，他把对家乡的喜爱与思念写进诗文里，在他的心中，吴地"山泽多藏育，士风清且嘉"。

然而世事难料，公元303年，时年43岁的陆机在讨伐长沙王一役中不幸兵败，遭构陷诬害致死，被夷三族。其弟陆云受株连，随后亦被杀，时年42岁。临刑之前，陆机再次想起华亭天空中的声声鹤唳，对那片曾经养育他的山水满是怀念，不禁长叹一声，"华亭鹤唳，可复闻乎！"

钟灵毓秀的山川原野滋养着他，代代相传的优良家风熏陶着他，使他成为一代文豪，流芳百世，为松江的人文历史留下了厚重的一笔，也为中国古代文学发展指引了方向。

丁晓蕗

肆　上海·人物

黄道婆

棉布业的始祖

七百多年前的一个夜晚，一名女婴呱呱坠地，她的啼哭声划破了松江县乌泥泾镇（今上海华泾镇）一个村庄的寂静。

这女孩便是黄姑，她自小聪慧，心灵手巧，奈何家里穷困不已，亲人又相继离世，年仅十一二岁时便被卖作童养媳。公婆、丈夫对她十分严苛，日子艰辛难熬。她白天下地干活，晚上纺纱织布，稍有不慎便会遭到丈夫一家人的毒打。面对这种非人的折磨，黄姑决定逃离，她要重新选择自己的生活。

她乘船南渡，一路颠簸，最终在海南岛南端的崖州上岸。这里居住着世代擅长纺织的黎族人，善良的黎族人同情黄姑的遭遇，热情地接纳了她，让她在历经千辛万苦后，有了一处安身之所。

黄姑对纺织颇感兴趣，很快便注意到黎族妇女身上令人惊艳的衣着——质地细腻的棉布上面勾勒着精美的图案，让她十分羡慕，她心想："这就像仙女穿的衣服，如果我能学会这种织衣方法，故乡的人就能穿上棉布衣服了。"

当时她的家乡也有种植棉花、纺纱织布的习惯，但由于棉纺织技术落后，柔软、实用的棉布并未成为做衣服的主要材料。有钱的富贵人家多穿丝织的衣服，普通老百姓只能穿廉价的素色麻织衣物。

崖州是个绚丽的棉布世界，在崖州的日子，黄姑十分珍惜学习棉纺织技术的机会。她一边学习黎族话和黎族文化以便尽快融入黎族人的生活圈，

黄道婆石像

一边跟着黎族姐妹们学习纺织技巧，私下里还不断琢磨、实践。很快，心灵手巧的她就能织出精致柔软、花色繁复的棉布。

黄姑在崖州生活了多年，由一个清秀的少女变成了两鬓渐白的婆婆，由黄姑变成了后人熟知的纺织家黄道婆。年复一年，她越发思念自己的家乡乌泥泾。

大约在1295年至1297年间，黄道婆告别给了她第二次生命的崖州，带上一些实用的纺织工具返回故里。

再次踏上乌泥泾这片熟悉又陌生的土地时，黄道婆内心激动不已，很快便将在崖州学到的纺织技术运用了起来。她织的布精美、新奇，成为织物市场上的抢手货，慕名来请教的人越来越多。她来者不拒，耐心地将纺织技术传授给家乡的妇女，在她的指点下，乌泥泾的妇女织出了带有花卉、棋局、字样等不同图案的织物。一件件棉纺织物五彩缤纷、如诗如画，"乌泥泾被"由此名震全国，远销各地。

除了传承"乌泥泾被"的技艺，黄道婆还结合黎族人先进的纺织生产经验，改进了许多生产工具。比如，以搅车代替手工剥棉籽，极大减轻了劳动妇女的负担；将单锭的手摇车、传统的纺麻脚踏车改造成当时最先进的纺织工具——三锭脚踏纺棉车，既提高了纺棉的速度，又使得纺出的棉布更加舒适柔软。

先进的棉纺织生产技术和工具促进了乌泥泾当地棉纺织业的迅速发展，后也带动了松江、青浦以及上海周边的苏杭等地的纺织业进步，极大地推动了中国棉纺织业的发展进程。

乌泥泾所在的松江地区成为江南的棉业中心，松江府百姓的生活水平也得到了很大改善。上海至今还有口耳相传的民谣："黄婆婆，黄婆婆，教我纱，教我布；两只筒子两匹布"，这表达了对黄道婆的爱戴和感激之情。

黄道婆回乡几年后遂逝世，当地人因感念她的恩德，在乌泥泾镇上为她修建了一座祠堂，取名"先棉祠"（即黄母祠），每逢岁时节日，便有百姓前来祭奠。到了清代，黄道婆依然深受老百姓的敬仰，被尊为棉布业的始祖。

黄道婆还为传播黎族文化、传递黎汉两族人民的深切友谊起到了巨大作用。如今，在上海市和海南省都建有黄道婆纪念馆，黎汉两族人民因黄道婆这个了不起的女性而紧密相连，友谊长存。

■ 丁晓蕗

徐光启

中西文化会通的先驱

提起上海，无人不知市区西南的徐家汇，这里高楼林立，摩登繁华，是上海如今最著名的商业中心之一。但在六百多年前的明朝，徐家汇还只是一个小村庄。因位于蒲汇塘、肇嘉浜与法华泾三水汇合处，又是徐姓家族的聚居地，故得名"徐家汇"。

嘉靖四十一年（1562年），对大明王朝而言是一个不平凡的年份。是年六月，上海县城南太卿坊的徐家降生了一名男婴，取名光启。这个小男孩日后给上海县乃至松江府这片土地，带来无与伦比的荣耀。

徐光启祖上亦农亦商，算得上殷实，但传至他父亲这一辈，家道已中落。徐光启自小勤学苦读，后成功入仕，官至礼部尚书兼文渊阁大学士，是明末重臣。作为学习西方科学的先驱，他为西学东渐、中西文化交流作出了巨大贡献，被誉为"中西文化会通第一人"。

徐光启接触西学、认识新世界的契机是一张世界地图。1600年，年近不惑的徐光启与意大利传教士利玛窦在南京第一次见面，开启了二人从相识到相交的友谊之旅。利玛窦带来了自己绘制的一幅世界地图，地图中展现的全新地理概念让徐光启大开眼界。在利玛窦那里，徐光启还第一次看到了地球仪，知道了经纬度，了解到西洋历法和数学知识。

从1606年秋与利玛窦谈及格物和几何学问题起，徐光启的注意力就转移到经世致用的科学上，这也是他与这位西方传教士的交流中最具价值的部分。其中，古希腊数学家欧几里得的《几何原本》中译本的问世便离

肆　上海·人物

徐光启像

不开二人的通力合作。在翻译过程中，利玛窦口述，徐光启笔录，为使译文精准表达，其间二人进行了反复讨论。1607年，该书前六卷的翻译出版完成，第一次把欧几里得几何学及其严密的逻辑体系和推理方法引入中国，同时确定了许多如今耳熟能详的几何学名词，如点、直线、平面、相似等，这不仅有力地推动了我国数学的发展，而且对推动我国科学走向现代化起了关键作用。

与徐光启有过直接交往的传教士，有明确史料记载的就有20多位，且来自不同国家。徐光启在与他们的交流中，吸收了丰富的有关西方科学、文学、哲学、逻辑学以及风土人情的知识。

徐光启少年时曾事农耕，后入仕做官，虽已远离农家生活，但仍十分关心农业生产。他曾托徐姓商人从福建将外来的甘薯引种至上海，试种成功后，写下《甘薯疏》，宣传种植甘薯的好处和方法，让甘薯这一营养、高产的农作物在上海一带得到广泛种植。在那个旱涝风蝗灾害频仍的年代，这无疑给黎民百姓送来了救命的法宝。此外，他还花四年时间编写了全面总结古代中国农业科学经验的巨著——《农政全书》，该书总结了明代及之前的农业科学技术，将农政措施和农业技术相结合，不仅在中国本土，甚至对日本农学的发展也产生了一定影响。

大明王朝承平日久，到徐光启入仕时，已是内忧外患不断，王朝统治风雨飘摇。但徐光启坚定自己的信仰与人生志向，不断寻求救国救民的道路，以热诚开放之心架起了沟通中西的桥梁，为中国近代科学的发展作出了巨大贡献，是当之无愧的中西文化会通第一人。徐光启超前的思维和视野对故乡上海的文化发展产生了积极、深远的影响。至晚清，徐家汇已成为中西文化交流的荟萃之地。

如果你有空来到上海，一定要去徐家汇看一看，一定要停下脚步，仔细聆听历史的声音，去感受一个17世纪的上海人带给中国的骄傲和自豪。

■ 丁晓蓉

肆　上海·人物

侯黄二先生

国乱显忠臣

在上海嘉定古城孔庙的东南方，有一座古色古香的园林，名为汇龙潭公园。因孔庙前有几条弯曲的河流在此汇集，故得名汇龙潭。园内的百年古树郁郁葱葱，茂盛的草坪上赫然矗立一块挺拔的丰碑，碑前站立着两位傲骨铮铮的古代男子雕像。走近细看，碑上刻着"明忠节侯黄二先生纪念碑"。

纪念碑建于1935年，由嘉定全县教职人员暨学生集资建立，是后人缅怀前辈先烈的一处重要遗迹。此碑纪念的"侯黄二先生"，正是明末抗清的著名义士——侯峒曾和黄淳耀。1645年，清军攻破嘉定后，曾三次对城中平民进行大屠杀，史称"嘉定三屠"，侯峒曾和黄淳耀奋起反抗，是杰出的英雄人物。

嘉定是明清时期位于江南的一座县城，这里既有秀丽宜人的园林景色、醉人心脾的吴侬软语，也有大量刚烈的忠臣义士。在中国古代，汉族人认为"身体发肤受之父母"，剪去头发意味着违反纲常伦理。因此，当满族人主中原时，汉人抗拒剪发，认为非常屈辱。1645年，清廷的"剃发诏书"传到嘉定，引起了嘉定人民的强烈不满。侯峒曾与同乡进士黄淳耀、黄渊耀兄弟，以及上海举人张锡眉、国子生朱长、秀才马元调和龚用圆等，率众起兵抵抗。

侯峒曾与黄淳耀被推为首领，在嘉定城楼上竖起"嘉定恢剿义师"的大旗。他们在四城门布置守城兵力，率起义的民众与清廷派来的吴淞总兵李成栋的部队进行殊死搏斗。在北门仓桥防守的士兵向清兵进行了炮击，李成栋之弟李成林被炮弹炸死。

上海　兼收并蓄的活力之都

侯黄二先生纪念碑

　　义师虽有十几万，却都是平民百姓，大多只有蛮力、不懂战法，更谈不上组织力和战斗力，而与之交战的清兵虽不足五千人，但装备精良、训练有素，且个个身经百战。守城抗清的战斗打响后，冲突一天比一天激烈，双方人数相差悬殊，却扭转不了义师大败的结局。七月初四凌晨，大雨如注，清兵乘机猛攻，东门被攻破。清兵不断涌入，城内义军渐渐抵挡不住，嘉定城告破。

相传，侯峒曾知大势已去，说道："嘉定亡，余何忍独存？"于是，他选择以死殉国，携两子玄演、玄洁自沉叶池。他曾和朋友开玩笑，讨论死法，觉得"死水洁净也"，因此就算殉国也要保持一身正气、干干净净。但他携子自沉的叶池是一片很小的池塘，池水很浅，三人溺水未亡，却被追来的清兵砍死。

嘉定城破后，黄淳耀和弟弟黄渊耀回到西林寺，准备自缢殉国。西林寺僧人无等法师劝他："你虽中进士，但并没有做官，不必殉国。"黄淳耀心意坚决，回答道："我在起兵时就发誓与城共存亡，如今城已破，我怎能食言？"他让无等法师帮他取来笔墨，在墙上奋笔疾书："弘光元年七月初四日，进士黄淳耀自裁于西城僧舍。"他用的是南明王朝的年号，表明与清朝誓不两立。他用自己的一颗忠贞之心，来反对清朝的剃发，以死明志，展示了一介儒生的无畏勇气和忠肝义胆。书毕，两兄弟双双自缢。

清军入城后，李成栋下令屠城，大屠杀持续了一天，大约有三万多人遇害。这便是清朝"嘉定三屠"中的第一屠。

时间跨越 370 余年，时至今日，侯峒曾、黄淳耀两位先生的家国情怀和民族气节仍深深地感染着后人。在嘉定城内外，还有很多纪念他们的遗迹，如嘉定城西的侯黄桥、上海大学嘉定校区西林寺旧址的陶庵留碧碑，以及坐落在安亭镇方泰乡水产村的二黄先生墓等。1704 年，百姓在二黄先生墓前立表坊一座，两旁有一副对联："国士无双双国士，忠臣不二二忠臣。"这副对联正是侯黄二先生一生赤胆忠心、舍身成仁的真实写照。

■ 丁晓蕗

上海　兼收并蓄的活力之都

鲁迅

内山书店里的身影

1927年秋天，鲁迅带着夫人许广平来到上海定居，此时的他已是中国新文化运动的领军人物之一，在文坛上颇有影响力。初到上海，他先是住在景云里23号。那时，景云里已经住有鲁迅的弟弟周建人，以及茅盾、叶圣陶等文化人士。1930年，鲁迅迁居拉摩斯公寓。三年后，鲁迅迁入施高塔路（今山阴路）的大陆新村，直到1936年10月去世，鲁迅在上海度过了人生最后的九年。

在上海，鲁迅去得最多的地方是原北四川路魏盛里的内山书店。

内山书店由日本人内山完造开设，书店一开始很小，没有书架，书籍摆设像图书馆一样，百十来本书刊随意摆在柜橱上，客人可以自由翻阅。一个角落里有几把凳子，人们可以坐下来慢慢阅读，也可以围成圈进行讨论，书店有时还提供茶水和点心，这样的形式在当时的书店里是很少见的。

鲁迅到上海后没多久，在家附近转悠时发现了内山书店，此后这里便成为贯穿鲁迅余生在沪生活工作的重要场所。内山完造曾回忆第一次见到鲁迅的场景——那天看到了"一个穿着蓝色长衫，个子不高，走路很特别，鼻子底下留着黑色胡须，眼神清亮，虽然身形单薄却让人无法忽视的人"。问他怎么称呼，对方说是周树人。内山顿时惊呼："啊！您是鲁迅先生吗？我知道您……"两人从此相识。

1929年，内山书店规模扩大，从魏盛里迁到了施高塔路11号（今山阴路）。为方便鲁迅联络感情，招待朋友，内山在靠窗的位置摆了一张藤椅，

上海鲁迅故居

作为鲁迅的专座，鲁迅也乐于在书店与人座谈。就这样，书店成了鲁迅的"会客室"。

由于书店位于公共租界，不受当局的管辖，因而店里也有左翼书籍。彼时，正值大革命失败，中国革命陷入低潮，国民党反动派一方面对革命

上海　兼收并蓄的活力之都

根据地进行军事"围剿",另一方面对国统区实行文化"围剿"。当时的形势,迫切要求上海的左翼作家们团结起来。1930年3月2日,在鲁迅的积极倡导和组织下,中国共产党领导的第一个革命文学团体——中国左翼作家联盟(简称"左联")在上海正式成立。内山书店也成为鲁迅与左翼作家交流、座谈的秘密联络点,鲁迅和郭沫若、茅盾等作家定期在这里举办漫谈会,吸引了诸多进步青年前来。

青年文学作家夏衍,就常去书店买书。没多久,他便认识了鲁迅。他用家乡话作了自我介绍:"我在先生的《语丝》上投过稿,笔名是沈宰白,谢谢先生的提携。"鲁迅微笑点头。

刚来到上海的萧军、萧红夫妇听人介绍后也来到了书店。那天一推开书店门,等候着的鲁迅就认出了他俩,微笑着迎上去。鲁迅还将两人介绍给茅盾等左翼作家,带着他们一起参加了很多活动。他特别欣赏萧红的文字,《生死场》出版时亲自写了序。

内山书店也是鲁迅和左翼作家们信赖的避难所。1932年,有人朝鲁迅的寓所开枪,之后大批日军闯入搜查,鲁迅及三弟周建人两家共十口人及时搬到内山书店的三楼居住了一个多月。1936年10月17日,鲁迅病得十分严重,但还是冒着寒风到内山书店参加了人生最后一次漫谈会。两天后,鲁迅因病去世。

鲁迅病逝的消息公布之后,震动了整个上海文学界,许多鲁迅生前好友都前来吊唁,宋庆龄还拟定了治丧委员会,包括蔡元培、沈钧儒、茅盾等人。鲁迅出殡那天,不计其数的民众自发为他送行,他的灵柩上覆盖着一面旗帜,书写着"民族魂"三个大字。他永远地成为了无数人前进道路上明亮的火光,生生不息。

■ 丁晓露

肆 上海·人物

张元济

中国出版业第一人

商务印书馆是中国出版业中历史最悠久的出版机构，迄今已有120多年的历史。1897年，商务印书馆在上海创建时，不过是一间小小的印书作坊，直到1901年，一个人的加入，赋予了它新的生命力，拉开了它在中国近代文化史上恢宏的序幕——这个人就是张元济。

张元济是清朝光绪年间的进士，参与戊戌变法失败后被革职。政治上失意的他加入了盛宣怀创办的南洋公学，出任译书院院长，这一机遇，成就了他与商务印书馆的不解之缘。在给盛宣怀的信中，他提出想要开启民智，就必须出版好的书籍，他愿意以"扶助教育为己任"。进入出版业，是为了实现他的文化理想。

张元济进入商务印书馆后，对两个方面进行了重大的改革：一是编写并出版适应现代教育的教材，二是影印了大量的珍贵古籍。

1904年，清政府颁布《奏定学堂章程》，第二年，宣布停止科举考试，这给张元济编制全新的国文教科书提供了契机。张元济编制的小学国文教科书，收录了很多朗朗上口的儿歌，并配以可爱生动的插图和精美的装帧，一经出版，立刻风靡全国，一时间供不应求，引得各家出版机构争相模仿。这在中国近现代教育史上具有开创性意义，张元济也因此成为上海著名的出版人。

为了抢救中华民族的文化遗产，使其免于沦亡，张元济在出版古籍方面更是作了大量的努力。在这些古籍中，张元济用力最勤、费神最多的当属《四部丛刊》和《百衲本二十四史》。为了出版这两部丛书,张元济花费大量时间走访海内外藏书家,带回无数价值连城的古籍善本。《四部丛刊》共计656种,汇集了多种古籍善本,全书的影印也是十分细致。

张元济在主持商务印书馆期间,招揽了大量富有才气的员工,为企业的发展输入许多新鲜血液。他推进出版严复翻译的《天演论》、林纾翻译的《茶花女》等大批外国学术和文学名著,对社会产生了广泛深远的影响。此外,在他的擘画下,商务印书馆出版了中国第一部新式辞书《辞源》,创办了《小说月报》等知名刊物,成为一大批知名作家成长的沃土。

但是,张元济并不是只会埋头读书的书呆子。商务印书馆从一个籍籍无名的小书坊成为人人皆知的大企业,与他高超的管理和宣传能力密不可分。在《百衲本二十四史》印刷完成后,张元济便在影响力极高的《申报》

《最新国文教科书》(1904)

上刊登大幅广告。此外，他还编写了《百衲本二十四史影印描润始末记》，附在《重订百衲本二十四史预约样本》中，分发到各地的学校、图书馆，赠给一些著名的藏书家，以达到广泛宣传的目的。这些在今天看来依然高超的宣传办法，促进了销售，使得这部书在预售时就卖出了一千多部。

今天，在上海市静安区的宝山路，有"东方图书馆"的遗址，这也是张元济当年的心血之作。原先，商务印书馆编译所的藏书室叫涵芬楼，在商务印书馆的运行步入正轨后，张元济等人在宝山路筹划建立了新的公共图书馆——东方图书馆，里面陈列着数十万册由张元济和同事们多年在海内外求得的珍贵藏书，善本孤本数不胜数，是一座名副其实的书籍宝库。但就在1932年的一·二八事变中，日军飞机对商务印书馆及东方图书馆进行了轰炸，数十万册藏书皆在火海中化为灰烬。这令张元济痛心不已，这不仅是商务印书馆的损失，更是整个中华民族文化的损失。

张元济主持商务印书馆期间，注重中国传统文化和西方文化的融会贯通，他既重视西方文化学术思想的译介，又着力中国传统典籍的整理，使商务印书馆具有一种有容乃大的恢宏气度，进而引领了新式出版文化建设的新方向。作为中国规模最大的书局之一，商务印书馆奠定了中国近现代新文化的基础，而张元济，自是当之无愧的中国出版业第一人。

■ 朱君露

刘海粟

不循规蹈矩的画家

在今天的上海复兴中路与重庆南路交会处，有一幢独立的四层花园住宅，屋外高墙上攀爬的绿色植物让此处显得格外安静雅致。进入大门，便可看到通往屋内的露天楼梯。这里就是大画家刘海粟先生的故居，三十多岁起他就一直住在这里，直到离开人世。

刘海粟1896年生于江苏常州，自幼酷爱书画，他是中国现代画家、美术教育家。他年轻时所作油画就颇有苍古之美，风格雄厚，气势遒劲。后潜心于泼墨法，笔飞墨舞，气魄过人。晚年长于泼彩法，色彩绚丽，气格雄浑。刘海粟少年有为，17岁时，他与张聿光等人创办了上海图画美术院（后改为上海美术专科学校），开始培养艺术人才。办学期间，他凭借超前的眼光，不怕非议，为中国美术事业的发展作出了许多突破性的改革。

在那个时代，"人体写生"是大众想都不敢想的事情，但刘海粟不仅敢想而且敢做。为了招来敢于供学生写生的模特，刘海粟几经周折，甚至与模特立下契约，如果临阵脱逃，模特就要赔偿学校10块大洋，这在当时可是一笔不小的数目。

1920年7月20日，是中国现代美术史上一个值得纪念的日子，刘海粟将人体模特首次引入美术课堂。他眼中泛着泪花，为学生们带来了第一节别开生面的写生课。课后，刘海粟激动地对那位冲破世俗的女模特说："你是中国艺术殿堂中的第一个女模特，你必将书写中国美术史的新篇章，中国美术应该记住你。"

肆 上海·人物

刘海粟作品《黄山立雪台晚翠图》

后来，刘海粟因"模特事件"招致"艺术叛徒""上海三大文妖之首"等骂名，最后竟惊动了当时的五省联军统帅孙传芳，他下令通缉刘海粟，并要求关闭学校。面对社会的非议与政界的压力，刘海粟发出了石破天惊的宣言："我反抗！我反抗！我们的学校绝不停办！我刘海粟为艺术而生，也愿为艺术而死！我宁死也要坚持真理，绝不为威武所屈！"最后，在恩师康有为、蔡元培等人的居中调停下，才保住学校，刘海粟也免于牢狱之灾，可以继续教学。

此外，学校在刘海粟的领导下还首次实行了男女同校制度，首次采取了旅行写生的方法进行教学，实现了许多中国美术史上"零的突破"，为中国美术事业的发展培养了大批人才。我们现在所熟知的徐悲鸿大师，就是当年上海美专的众多学生之一；民国时期的才女陆小曼，也曾拜刘海粟为师学习画画。

刘海粟对黄山有着特殊的情感，他在近一百年的人生中曾经十登黄山，留下了许多与黄山有关的作品。在他眼中，黄山不是一幅固定的图景，而是轻灵飘逸、变化多端、给予他无限灵感的缪斯女神。而黄山也见证了刘海粟一生作品风格的变化，见证了他的画技从青涩走向成熟。到了晚年，即使因腿脚不便无法爬山，他还是会请轿夫送他上去。到了山顶，刘海粟戴上帽子，支起画架，一画就是两个小时，有时，他旁边挤满了围观者，其中不乏慕名前来请教的人。他常用泼彩法作画，气势磅礴，生动夺人。一次，他将一盆墨泼到画布上，稍加几笔，画面立刻变得精妙绝伦。

1995年，在刘海粟诞辰100周年之时，刘海粟美术馆在上海正式开放，同时举办"刘海粟作品展"和"刘海粟收藏的中国历代绘画作品展"，吸引了众多美术爱好者和收藏者前来。2012年，美术馆启动迁建工作，新馆将刘海粟深厚的人生与艺术积淀巧妙地融入设计灵感中，整座展馆从外到内展现了其不拘一格、激情豪气的人生态度和艺术气质。随着网络技术的发展，如今我们只要登录美术馆的官方网页，就能足不出户看到这位中国现代绘画教育先驱创作、收藏的所有作品，缓缓品味他留下的无数美丽图景。

■ 朱君露

肆　上海·人物

巴金

中国文学的良心

1904年，巴金生于四川成都一个官宦之家，幼年时接受了良好的家庭教育，母亲对他的影响颇深。巴金将母亲称为"第一个先生"，母亲给予的爱，完成了他的童年启蒙，使仁爱、善良、宽容这些美好的品质深深扎根在他的心中，让他学会爱自己和他人，爱国家和人民。

巴金本名李尧棠，他有众多笔名，其中以"巴金"最深入人心。这个名字的由来并不复杂。"巴"姓是为了纪念他客死异乡的同学巴恩波，"金"则取自当时他正在翻译的《伦理学》一书作者的中译名克鲁泡特金。如此，一个好记又顺口的笔名就诞生了，并在此后的近百年时光里熠熠生辉。

巴金一生中的大部分时间是在上海度过的。1928年，巴金从法国留学归来，在上海开始潜心创作和翻译。次年，首部以"巴金"为笔名的长篇小说《灭亡》在《小说月报》上发表，从此巴金这个名字进入大众视野。在随后不到十年的时间里，巴金笔耕不辍，又出版了包括《爱情三部曲》（《雾》《雨》《电》）、《萌芽》等小说和数部翻译作品。《家》是巴金《激流三部曲》中的第一部，于1931年在《时报》开始连载，原篇名为《激流》，开明书店于1933年5月出版首本《家》单行本。该小说描写了20世纪20年代初期，四川成都一个封建大家庭的黑暗与腐朽，歌颂青年一代反封建礼教的勇气。

1936年《家》的成功出版，不仅给巴金带来了事业上的成功，也让他遇见了一生的挚爱——萧珊。对巴金而言，萧珊是他强大的精神支柱，或

上海巴金故居

许若无萧珊的一路相伴,他未必能创作出这么多反映时代心声、振聋发聩的作品。

1937年抗日战争全面爆发后,巴金积极参与抗日救亡活动,发表了一系列反映时局的作品。他最为人称道的《激流三部曲》的后两部(《春》《秋》)也是在这个时期创作并问世的。新中国成立后,巴金担任全国文联副主席等多项职务,热情投身于中国文学的发展建设进程中。

人们常说,巴金是"20世纪中国文学的良心",不仅因为他是一位作家,更因为他是一位真正的"人民作家"。真善美是他的作品一直追求的主题,自由、平等和人道主义是他一直努力传递的价值。

到了晚年,巴金写成了《随想录》这部伟大的作品,收录了他在1976年后创作的150篇文章。在书中,他坦承了自己在"文革"期间面对的灾难和心态，用文字填补了这段黑暗时期的精神空白，承担起了一个知识分子应尽的历史责任，具备了应有的社会良知。如果巴老没有"说真话"的勇气，这些文章也是不可能被创作出来的。

上海武康路 113 号是巴金在上海最后的寓所，也是他在上海住的时间最长的地方。从 1955 年起，巴金和女儿李小林一家就住在这幢三层小洋楼里，庭院里种满了白玉兰。在那里的 40 多年里，巴金创作了大量的作品，包括《随想录》《团圆》等多本小说和散文集以及《往事与随想》等译作。

2005 年，这位 101 岁的老人在上海华东医院去世，走完了他漫长且充实的一生。作为一位跨世纪的百岁老人，巴金不仅为中国文坛留下了灿若繁星的文学作品，更为我们留下了宝贵的精神财富。

■ 朱君露

上海　兼收并蓄的活力之都

王安忆

上海城市故事的书写者

20世纪30年代，上海已是中国首屈一指的大都市，这里中西文化交汇，社会的变化天翻地覆，文学上形成了和"京派"文学旗鼓相当的"海派"文学。海派文学以描写上海大众文化和都市生活为题材，从不同角度记录着上海的变化。

海派作家一代接一代地辛勤耕耘，早期的代表有叶灵凤（《紫丁香》）、茅盾（《子夜》）、张爱玲（《倾城之恋》）等。他们展现了上海的都会气质，浮华璀璨、精致优雅，有风花雪月，也有小资情调，中西合璧、兼容并蓄。20世纪八九十年代以来，不少海派作家开始关注城市与人的关系，他们对漂泊情绪进行入微的描写，抚慰了背井离乡、生活在这个超级大都市的人们心中的疏离。

这一时期，一位名叫王安忆的女作家，渐渐为人们熟知。她的作品往往讲述以上海为背景的一段旧事，娓娓道来，有女性的细腻，又带有时代和城市的特点，受到众多年轻读者的喜爱，她也逐渐成为海派文学最具代表性的人物。

说到自己走上文学创作之路的原因，现为复旦大学中文系教授的王安忆给学生授课时回忆，这与自己小时候大量"吞书"有关。

她最初读的大都是童话故事和民间传说，但通常都是囫囵吞枣般地"吞"下去。十几岁时，遇上学校停课，日子变得无所事事起来，读书成了她最好的"消遣"。印象犹深的经历是"阅读"狄更斯的《远大前程》，她最初是听一位邻居妇女的讲述而了解到此书。"她一边看着书一边讲给我们这些小孩子听。等我以后自己读到了这本书后,便十分惊异一模一样的情节竟然有着如此不同的格调。前者完全是一个世俗的言情故事,而译作欧式的文字却使之染上一层'五四'文化的知识分子色彩。"王安忆说,"那个年代其实并不那么荒芜,只是杂和乱,缺乏系统和秩序,我们的精神就这样崎岖地生长着。"

王安忆很小的时候跟了父母来到上海。她后来回忆说自己最早对上海和上海人谈不上"喜爱",甚至有几分排斥,也几乎从不说上海话,即使说几句也并不地道。不过在淮海路的一条弄堂里长大的她,喜欢在弄堂里走来走去,沿街的小烟纸店是她爱去的地方。渐渐地,她开始喜欢观察小弄堂里的人物,特别是一些女性,她发现这些人物的个性体现了真正的上海品质。

上海弄堂

上海　兼收并蓄的活力之都

她说自己家那幢建筑的三楼住着一户人家，他们是这所房子里最老最稳定的住户，"他们是真正的上海市民，做过大户人家的仆人，因此眼界很大。"这户人家的主人是医生，有几位高调骄傲、长得漂亮、穿着时髦的儿女。医生的父亲出门一定会庄重地拿根文明棍，优雅地抽着雪茄，待人和蔼却又带有威严，和大多数人保持着一定的距离。医生的丈母娘"始终保持中产阶层的姿态"，骨子里看不起新到上海的市民，常会指导别人的生活，不过"她把我们带入到一个新的世界"。另一户人家的保姆"是单独开伙的，吃得要比她的东家还精致"。

"文革"来临，里弄中各家平静的生活受到冲击，但艰难中很多人表现出了特有的坚强。王安忆家隔壁幢三楼的老先生是一个绸布行主，老太太是本地人，长媳是一位让王安忆深深佩服的上海女人，"这家媳妇看起来很年轻很漂亮"，全家受冲击的时候是长媳主持了家里的事情。她正常地准备一日三餐，"谈话的时候那么淡定，穿着干净，这种勇气让我惊讶。"她还是每天一早买菜，"回去路上打一缸淡豆浆回家慢慢喝。这就是上海女人的强。"

关注小人物的生活，真实细致地反映他们的苦乐悲欢，这就是海派文学的特点。王安忆特别擅长观察上海的小人物，思考城市对女性素养的塑造，她展示了上海，书写了上海。她是一个温情的作家，虽身处繁华，她的文字却时常呈现出宁静淡泊的风貌。她笔下的上海，有充满平常生活气息的弄堂，有漂泊的城市大众，静谧温馨，富有生气，似曾相识，又令人回味不已。在她创作的众多小说中，公认的代表作是获得茅盾文学奖的《长恨歌》，她用细腻的笔触将"上海小姐"王琦瑶40年人生中的情与爱写得哀婉动人、跌宕起伏。

王琦瑶是上海弄堂里走出来的典型的上海女性，她受过新式教育，被上海这座海纳百川的大都市塑造着，但她又在上海女性走过的或期望走过的路上挣扎着前行。她领略并保存着这座城市的精华，在时代剧烈的变迁中，她的存在正是一个城市的缩影。《长恨歌》中的这些人物，我们似乎可以从王安忆后来谈她经历的弄堂里的故事中，一个个找到原型。对，弄堂里的这些人物深深地刻印在王安忆的脑海中，这是她后来创作时源源不断的素材。

王安忆创作的作品超过 60 部，很多被拍成影视剧，为人们了解上海、了解上海的都市生活，提供了多个视角。2016 年，纽曼华语文学奖的 5 名评审选出了 5 名提名人选，王安忆位列其中。她的提名者、北京大学教授戴锦华在提名声明中写道："过去 30 年，王安忆不断在写作中突破自我，每篇作品都试图在转变方向，从而产生了许多优秀的作品，她用中文创造了一个现实社会、一座城市，甚至一个国家。"

■ 张莹

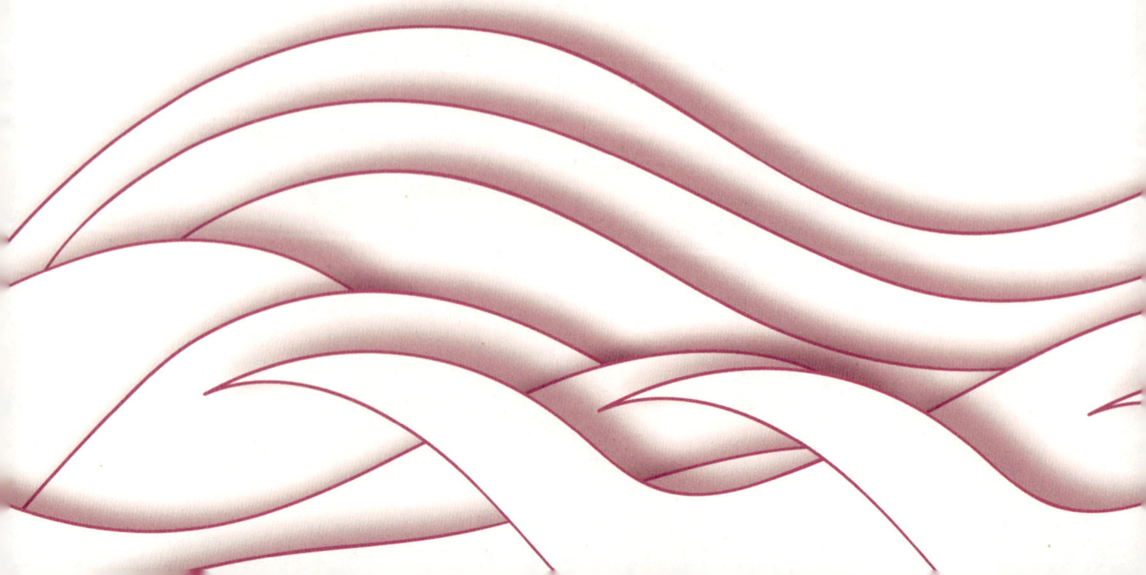

伍

上海・成就

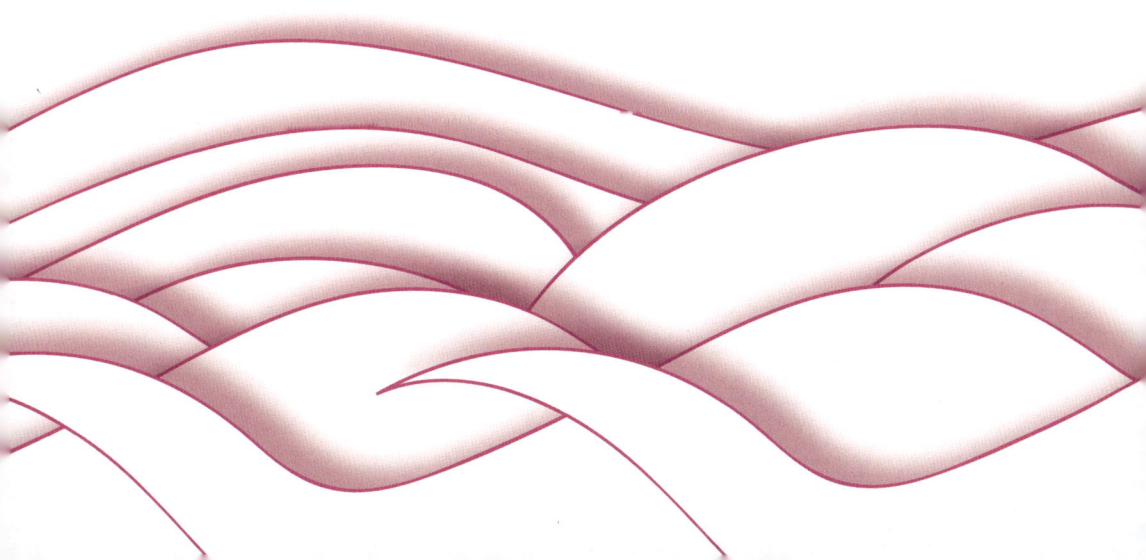

伍　上海·成就

导　言

　　上海的发展既是人类征服大海的过程，也是人类和大海和谐共处的过程。奔腾的长江在入海口堆积了大量泥沙，而泥沙逐渐沉积形成了陆地，并在上千年里不断东扩，形成了今天的上海。大海恩赐给上海丰富的物产，但也曾将滔天巨浪倾泻到这片土地上。唐代以后，一条条海塘先后被修建起来，有效地阻挡了海水的倒灌，为上海先民的生存和发展带来了巨大福音。

　　明清时代，上海修建了上百座私家园林，至今保存较好的豫园和古猗园就是那个时代的产物。这两个园林不仅代表着当时园林建造的最高水平，还见证了上海在数百年间的动荡、变化与发展。石库门是近代上海民居的特色建筑，是中国传统住宅形制与西方建筑元素的融合，在城市化进程中，成为上海靓丽的建筑符号。经济的繁荣使上海人追求生活的精致，饮食方面，南翔小笼包在一众上海点心里别具一格，那俊俏的模样、细腻的做工、鲜美的味道，令人久久难忘。

　　近代以后，上海一跃成为中国最发达的城市，它留给后人许多显著的时代印记：江南制造局是江南造船厂的前身，它是洋务运动的重要产物，引领了全国工业的发展；吴淞铁路的修建见证了中国铁路的从零到一，其建设的艰辛曲折体现了上海现代化进程的沧桑厚重；《申报》被誉为中国现代报纸的开端，它的创办为国人观察社会、了解世界打开了一扇窗；而作为国家级非物质文化遗产的嘉定竹刻，在中国工艺美术史上独树一帜，蜚声中外，为世所珍。

　　黄浦江边的这些成就，令上海成为万众瞩目的城市，上海辉煌的历史也在时空中熠熠生辉。

石库门

中西合璧的住宅

石库门是近代上海民居建筑的典范，它在借鉴中国传统四合院住宅形制的基础上，融入西方建筑元素。若干石库门联排在一起，构建出"街道—主弄—次弄—合院"的街巷形态。这样的民居不仅布局紧凑合理，同时住宅的私密性也很高，成为上海近代史上一种独具特色的城市建筑符号。

1939年，王瑞麟出生在上海大沽路183弄25号二楼的一个京剧世家。这是他的家族搬来新马安里的第八个年头，王氏一家人都住在这栋石库门房子的楼内。

王瑞麟的曾祖父是著名的京剧艺术家黄月山，父亲王富英是京剧"麒派"创始人周信芳的十大弟子之一。生于斯，长于斯，这个在石库门房子里出生长大的小男孩，后来成长为家族的第四代专业京剧演员。这些纵横交错的里弄石库门承载了王瑞麟八十多载的人生风雨，为这个京剧世家打上了深刻的海派文化烙印。

据说，早些时候，王富英用了二十多根金条购得了此处房屋的居住权，虽然当时房屋面积不大，但住起来也很宽敞。房子正门由乌漆实心厚木做成，双门对开，配有一对铜制门环，门楣是江南传统砖雕青瓦压顶门头式样，深巷之中颇显森严之感。从大门进入，抬头就是天井，底楼客堂后有个后房间，供他们的苏州保姆居住，再后面就是厨房灶间，房屋前后各有独立的门，方便进出。

顺着楼梯上去，一楼和二楼楼梯拐弯处一个朝北的小房间便是亭子间。

石库门建筑

亭子间下方是灶间，上方则是阳台，虽然比较闷热，但好在独立安静。20世纪上半叶，从上海租界的亭子间走出过不少享有盛名的中国文学家，如鲁迅、戴望舒、茅盾、丁玲、丰子恺等。

1937年，"八一三"淞沪会战打响之后，中国军队与日寇在上海开战，市区居民们蜂拥至租界，租界的房屋资源瞬间紧张异常，原先宽敞的石库门房子也迅速挤满难民。由于王富英经常外出演出，房东便趁其不在时偷偷加盖一层，王富英一家一栋的独居方式随之被打破。他们常年住在二楼，底楼客堂间搬来一户许姓人家，三楼也租给了许家的亲戚。随着局势的动荡，这栋石库门的房客也频繁变换。王瑞麟就是在这风雨飘摇的背景下出生的。

解放战争后期，国民政府发行的金圆券急剧贬值，这对老百姓本不宽裕的生活来说可谓是雪上加霜。王瑞麟的父亲每到发工资的时候,都是匆忙骑着三轮车,去领几麻袋金圆券,然后家也不回地跑到米店、煤球店去买米和煤。如果稍微慢一些,可能物价就又涨了。

中华人民共和国成立后,王瑞麟也长大成人。他在上海市文化局的安排下进入安徽省徽州地区(今黄山市)京剧团,先后在芜湖京剧团和文化馆工作多年,为当地的文化事业作出不少贡献。身在异乡的他,亦时常思念着上海的弄堂生活——弄堂外叫卖零食的声音、弄堂月影下的粉红夹竹桃,他还曾听着雨打梧桐声入眠,同兄弟姊妹嬉戏打闹。每每想起这些,他便仿佛又回到了石库门。幸运的是,由于工作的原因,王瑞麟年轻时回上海的机会也很多,会演、参观学习时他便会顺路探亲。如今,安享退休生活的王瑞麟仍然居住在上海大沽路石库门的家中,着手整理编写着他的家族史与街区史。

■ 陈陈

伍 上海·成就

豫园

龙墙内的江南园林

1939年的一天，南社主任姚光应友人陈端志之邀，同去书店购书。书店中一堆放在灰暗角落的稿本引起了两人的注意。虽然稿本已被蠹蚀，但凭借着多年的校勘经验，姚光断定这是一本明人日记，极具研究价值。于是，当时在上海博物馆任职的陈端志从书店老板手中将其买下。

受到精心修复后，稿本焕然一新。全稿分为八册（现藏于上海博物馆），根据上面所刊刻的"玉华堂""日记"等字样，以及具体日期和书写格式，姚光惊喜地发现这是明代豫园主人潘允端的日记，记载了从万历十四年（1586年）正月十六日至万历二十九年（1601年）五月十一日潘允端人生中最后十几年在豫园的家居生活。这本日记像是将潘氏家族尘封的历史记忆撕开了一角，昔日豫园的灿烂辉煌再一次呈现在世人面前。

潘氏系明代上海第一世家，时人有"同怀兄弟四轩冕，一家父子三进士"之誉。具体来说，就是潘恩、潘惠、潘忠、潘恕四兄弟皆相继出仕，潘恩、潘允哲、潘允端父子都曾考中进士。潘家门庭之荣耀，当时无人能及。日记的主人潘允端官至四川右布政使，是潘恩最显贵的子嗣。为使双亲能够颐养天年，嘉靖三十八年（1559年），潘允端开始设计修建园林。万历五年（1577年），潘允端卸职还乡，专心建造园林，并且请来造园名家张南阳主持设计工作。过了五年，园林最终竣工，得名"豫园"。之所以给园林取这个名字，是因为"豫"有平安、安泰之意，寄托了潘允端"豫悦双亲"的夙愿。

上海　兼收并蓄的活力之都

豫园有五道穿云龙墙，相传为潘允端为其母所建。因潘母从未去过皇宫，十分好奇皇宫是何等气派景象，潘允端便命人在园子的墙上打造出栩栩如生的巨龙。墙顶饰以龙头，辅以瓦片组成鳞状龙身，远观之下宛如蛟龙游动。为避讳皇帝专属的"五爪金龙"，豫园墙上的龙只有三个爪子，符合古代君臣礼数。

豫园景观细腻雅致、清幽典丽，因其坐落于今上海老城厢的东北角，北靠福佑路，东临安仁街，南接城隍庙，具有闹中取静、小中见大的特色，故享有"东南名园冠"的美誉。初建时占地70余亩，现已缩至不到一半，主要景观有三穗堂、点春堂、玉华堂、得月楼、玉玲珑、古戏台、大假山等，一园之内可谓亭阁参差，山石嵯峨，溪流蜿蜒。豫园不仅完好保存了相当数量的古树名木、泥塑砖雕、匾额楹联，还珍藏了几千件书画、家具、

玉玲珑

陶瓷等文物，因此从豫园中既可一窥明代高水平私家园林的风采，还能领略丰富的传统人文艺术精华。

要想知道豫园这座龙墙围起来的江南园林为何会成为江南土木的一个奇迹，就不得不提它的镇园之宝——玉玲珑。玉玲珑周身多孔，玲珑多姿，高约3米，宽约1.5米，重约3吨，以其"透、漏、皱、瘦"之美，与苏州的冠云峰、杭州西湖的绉云峰，并称"江南三大名石"。潘允端钟爱此石，特请仙拜神后将其安置，并在石峰对面建造书斋，因石上所镌"玉华"两字，书斋得名"玉华堂"。

此外，乐寿堂也是潘允端在豫园的重要生活场所。此堂高大轩敞，可容百余人，潘允端将其作会客、听戏之用。明代嘉靖、万历年间戏曲繁荣，潘允端雅好昆曲，他在豫园中成立梨园戏班，频繁组织演出，兴致高昂时，他还会亲自写曲本、做排演。

潘允端过世后，潘家逐渐败落，园景自是日趋萧条。明末清初，豫园成为无主荒园，一片断井颓垣。乾隆时期，上海当地一些富商士绅筹款修缮豫园，此时城隍庙东已有东园（今内园），豫园地稍偏西，修缮后的豫园遂改名"西园"。到了近代，豫园的命运是动荡的中国近代社会的缩影，它因屡遭战乱洗劫，园景再度颓败。中华人民共和国成立后，豫园得到了保护和修缮，最终恢复了从前的辉煌模样。

豫园被称为上海的"城市之根"，至今已有460余年历史，既见证了明清朝代的更迭，也见证了近代中国命运的坎坷，还见证了当代中国的高速发展。作为上海内环内唯一一座保存完好的明代江南园林，它是上海特有的一张历史文化名片。

■ 陈陈

古猗园

古猗园

名园依旧风流在

  2020年10月，位于上海名镇南翔的古猗园启动了近40年来规模最大的保护性修缮工程。一年后，缺角亭、白鹤亭等10幢文保建筑在2021年的国庆假期全新亮相。这座被清人评价为"名园依旧风流在，检点云山入画图"的园林极具江南文化神韵，以幽静的蜿蜒水流、摇曳的绿竹掩映、复古的明代建筑、优美的花石小路、名家的楹联诗词为特色，宛若一颗璀璨耀眼的宝石，建成500年来，风流品格丝毫未减。

伍 上海·成就

南翔镇得名于"白鹤南翔"的典故。相传南朝梁天监年间，人们在此地挖出一块巨石，引来白鹤在其上方盘旋。一位僧人发现了这一神奇的景象，便在巨石处建寺。寺庙建成后，白鹤飞向哪个方向，那个方向就会有香客来捐助香火。后来，白鹤飞离，僧人在巨石上发现了一首诗："白鹤南翔去不归，惟留真迹在名基。可怜后代空王子，不绝薰修享二时。"人们觉得这是难得的神迹，纷纷前来礼佛，白鹤南翔寺因之香火鼎盛，成为人人敬仰的佛门圣地。之后，越来越多的人在这附近生活，人们就根据寺名将此地命名为南翔镇。古猗园的著名景观"白鹤亭"就是依据这个传说建造的，亭边竖有一块石碑，碑上便刻着上面提到的那首诗。

古猗园，初名借园，是上海五大古典园林之一，位于南翔镇东，建于明代嘉靖年间。明代士大夫建园林的兴致颇高，且南翔在明代文化昌盛，人才辈出，经济的快速发展和深厚的文化底蕴为园林的建造提供了有利条件。明万历后期，嘉定竹刻深受文人的喜爱，借园主人闵士籍引《诗经》中的"绿竹猗猗"之句，将借园改名为"猗园"。他还请嘉定竹刻大师朱稚征设计督造，构建"有水一池，有竹千竿"的园林布局，因而园内的亭、台、楼、阁、长廊都刻有千姿百态的竹景图案。

明末清初，猗园先后几度易手。清乾隆十一年（1746年）冬，洞庭山人叶锦购得猗园，重新修葺并增加幽赏亭、逸野堂等建筑，因猗园诞生于明代，便将其改名为"古猗园"。清朝中后期，园内部分建筑毁于战火。

1931年，九一八事变后，东三省沦陷，南翔爱国人士对古猗园进行了局部修复，并新建补阙亭（又名"缺角亭"），提醒人们要时刻不忘沦陷的东北。1937年，南翔遭日本军机轰炸，古猗园内大部分建筑被毁。中华人民共和国成立后，古猗园经多次翻修和扩建。1959年，南翔镇的唐代石经幢迁入古猗园，这是上海现存最古老的唐代石经幢。园内还保存有历代书画家的作品，如祝枝山、董其昌、陈从周、刘海粟、程十发等。

现在，古猗园新旧景观相融，于闹市之中独辟幽静。园内按不同景观可分为猗园、花香仙苑、曲溪鹤影、幽篁烟月四个景区，各有不同风貌。上海多水，串联起古猗园景色的自然就是水流，园内碧水蜿蜒曲折、四通八达、绵延千米，小桥流水的格局惹人动心，若叫"古漪园"，也十分适当。长长短短的桥边还栽着品种繁多的翠竹，其中以绿竹为特色，形成了古猗园独特的园景。

从明代到当下，从私人园林到现代公园，从被破坏到重新整修，古猗园经历了风风雨雨的五百年。相信在祖国繁荣昌盛的今天，它定会不断焕发出新的光彩。

■ 王燕华

伍　上海·成就

《申报》

上海滩报业传奇

《申报》原名《申江新报》，由英国人美查和他的三位好友于1872年在上海集资创刊。后来，由于《申报》经营利润未达到美查的预期，1909年他返回英国时，将《申报》转卖给当时的中方经理席裕福。经营好一份报纸并非易事，彼时的《申报》连年亏损，发行量逐渐萎缩，不堪经营压力的席裕福也不得不转手出售。1912年，史量才与张謇等人合资，以12万元的价格收购了《申报》，史量才出任总经理，由此开启了《申报》的黄金时代。

史量才借鉴国外报纸的现代化运营经验，大胆任用广告专家张竹平等人参与管理，大力发展广告业务，为报馆增加了丰厚的额外收益。此外，他还出重金聘请陈冷、黄远生、邵飘萍等著名文人和记者撰写优质新闻稿。

在办报宗旨上，史量才始终秉承"独立之精神""无偏无党""服务社会"的思想核心。他坚信报纸是民众的喉舌，只有站在民众的立场上发声，保持新闻人该有的姿态和品格，才能在社会中站得住脚。因此，在史量才办报时期，《申报》的舆论导向始终代表着民族与国家进步的力量，报馆不仅随时派遣记者实地调查访问并进行跟踪报道，也敢于直接揭露当局的腐败统治，抨击社会的种种弊病。

《申报》特立独行的报道方式以及对统治者的辛辣讽刺赢得老百姓的喜爱和追捧，发行量与社会影响力也随之骤增。1912年至1917年，在短短五年内，报纸日销量从7000份增至2万份，利润逐年攀升。1918年，

《申报》

史量才在汉口路主持建成了申报馆大楼，并从国外购入最先进的印报设备。1920年《申报》的发行量达3万份，1925年突破了10万份，1932年超过15万份，《申报》逐步成为上海乃至全中国最大的商业日报之一。

《申报》的版面大致可分为新闻、评论、文艺副刊、广告板块，这也奠定了我国中文报纸四大块的基本结构。其中，文艺副刊《自由谈》刊载了各类诗词歌赋、文艺评论、散文随笔、奇闻轶事以及风靡文坛的鸳鸯蝴蝶派小说，堪称一部微缩的中国现代文学史。当时，不少左翼作家通过《自由谈》发表紧扣时政、风格多样的佳作，如若刊出鲁迅、茅盾、叶圣陶、郁达夫等名家的文章，当日的《申报》必定一售而空。

鲁迅十分欣赏《申报》的办报风格，他从1927年来沪后，多次为《申报》撰稿，其犀利尖锐的笔锋与《申报》的办报旨趣不谋而合。随着中国陷入战争，1933年到1934年，鲁迅的文章呈井喷式连载，《申报》平均每隔三四天就刊发一篇鲁迅的杂文，有时甚至一个月能登出 15 篇，内容大多抨击时政，讽刺国民党的专政独裁。这些文稿引发了广大读者的强烈反响。申报馆每天收到的读者来信数不胜数，尤其以鲁迅的读者粉丝居多。两年下来，鲁迅洋洋洒洒总共发表了 143 篇杂文。

1949 年 5 月 27 日，上海解放，《申报》停刊。同年 5 月 28 日，上海《解放日报》在申报馆大楼创刊。

从 1872 年到 1949 年，《申报》历经清政府、北洋军阀、国民政府等历史阶段，总共出版 27000 余期，见证了近代中国 78 年风云变幻的岁月。它是近代中国报业的标杆，谱写了中国新闻史上的一段传奇。

■ 陈陈

江南制造局

中国民族工业的摇篮

1982年7月,上海第一大造船厂——江南造船厂迎来了一群刚从大学毕业的年轻人,毕业于上海交通大学船舶与海洋工程系的小胡正是其中的一员。

"小胡,你是交大毕业的,你知道交大是谁建立的?为什么建立的?"负责接待的人事处处长看着前排的小胡问道。

小胡对这段历史自是如数家珍:"上海交通大学是近代著名实业家、教育家盛宣怀建立的,它的前身是1896年创立的南洋公学。建校以来,交大培养了一批批学贯中西、实业救国的人才。"

处长点头笑道:"对的。盛宣怀还是洋务运动的代表人物。当时的中国正值列强入侵、国势衰颓的紧要历史关头,一批有识之士发起了洋务运动,希望通过建新式学堂、兴办实业、引进西方先进科技,拯救国家于危亡之中,咱们这个工厂正是在这一历史背景下诞生的。"

江南造船厂的前身是1865年成立于上海的江南机器制造总局(简称"江南制造局"),这是中国近代规模最大的官办军工生产机构。当时,江苏巡抚李鸿章买下了上海的一家主营船舶修造的工厂——由美商在虹口租界开办的旗记铁厂,并将丁日昌和韩殿甲主持的两个洋炮局并入,组成江南制造局,开始制造新式枪支火炮等军备武器。那时制造局工厂的位置靠近商业中心,地租昂贵,加之租界当局不愿制造局在此生产军火,1867年,江南制造局迁入上海城南高昌庙镇附近(今上海市黄浦区制造局路)。

伍　上海·成就

　　高昌庙镇临近黄浦江，周边是大片滩地和农田，水陆交通便利，在造船和运输上有着得天独厚的优势。从 1867 年到 1894 年的 27 年时间内，清政府向江南制造局累计投资达 1500 多万两白银，而江南制造局也取得了一定的成绩，成为中国近代民族工业的先驱。作为"中国第一厂"，江南制造局生产了中国第一台车床、第一支步枪、第一门钢炮、第一艘蒸汽动力军舰、第一艘铁甲军舰。在江南制造局的带动下，周边陆续建起了许多民族企业和新式学堂，制造局路因此成为上海的兴旺繁华地带。但是，此时的清政府已病入膏肓，江南制造局的枪炮生产成本高，质量也赶不上国外更先进的武器装备，制造局内部也存在贪腐的弊病，以自强求富为目的的洋务运动，最终未能挽大厦于将倾。

　　1905 年，制造局内造船部门独立，称"江南船坞"。辛亥革命后，改称"江南造船所"。民国时期，国家的苦难日益深重，中国民族工业也步履维艰。

江南造船厂的货轮

139

上海解放后，江南造船所终于结束了动荡不安的历史，迎来了辉煌的新生。1953 年，江南造船所更名为"江南造船厂"，在摸索中开始了现代化进程。在自强不息的奋进中，江南造船厂建造了中国第一台万吨水压机、第一艘自行研制的万吨轮"东风号"、第一艘潜艇、第一代航天测量船……

在处长生动的讲述中，江南造船厂的百年沧桑历史如电影般在小胡眼前闪现，那是属于中国人的共同记忆，是一个民族在危亡中自救、在困境中崛起的动人篇章。

进入工厂后不久，小胡被抽调到了设计研究所的专业设计室，开始了船舶设计生涯。当时生产技术条件还很落后，船舶图纸设绘完全靠手工，而计算的主要工具是计算器和算盘。设计师画图时，需将长 120 厘米、宽 80 厘米的 0 号纸固定在画板上，画图时板不动，人动。人站着画图，一站就是一整天，老一辈设计师用严谨细致、艰苦奋斗的工作作风为年轻一代的技术人员树立了榜样。

改革开放后，江南造船厂进入了快速发展的新时期，从手工绘图到三维建模设计软件，技术的革新带来了生产的精细化、专业化。这个时期，江南造船厂开始瞄准国际市场，不断发展出口船舶业务，先后为罗马尼亚、意大利、挪威、新加坡、波兰、德国、美国、比利时等国家建造了数十艘不同类型的船舶，成为中国船舶工业的排头兵。

迄今为止，这座有着 150 多年历史、被称为"中国民族工业摇篮"的老船厂，在时代的变迁中培养了一批又一批科技人才，创造了一项又一项崭新纪录，并跻身国际造船业的第一方阵。它是中国民族工业发展的缩影，它的历史与精神必将激励着一代又一代中国人在工业兴国的道路上披荆斩棘、奋勇前行。

■ 陈陈

伍 上海·成就

南翔小笼包

百年笼香

说到上海的名小吃，就不得不提皮薄肉嫩、鲜甜多汁的南翔小笼包，它由黄明贤创制于清朝同治年间，目前已有百余年历史。黄明贤，原名詹大胜，幼年时因战乱而流落到南翔，后由日华轩糕团店的黄老板收养改名，并在成人后继承父业。他之所以能发明南翔小笼包，除了仰赖在日华轩练就的面点手艺，还和古猗园有着不少渊源。

古猗园位于南翔镇东，环境雅致、景色宜人，常有众多文人墨客在此读书、聊天、品茶。黄明贤从中看到了商机，便每日挑着自家的大肉馒头（即肉馅包子）前来叫卖，大肉馒头味道鲜美，广受好评。不过，这也为他招来越来越多的模仿者。于是，他萌生了改良传统大肉馒头的想法。

黄明贤另辟蹊径，将一两面团拆成10小块面坯，拌上麻油后，按比例包进肉馅，最后用近20道褶子收口。这样做出来的面点，只只小巧玲珑，上笼蒸透后，皮薄、汁鲜、馅丰，一下就抓住了人们的味蕾，没多久便风靡当地。日华轩会做小笼包的师傅随之成了香饽饽，他们既有被古猗园挖去的，还有自己开店经营的。

清末光绪年间，伴随着上海中心城区的飞速发展，南翔小笼包在第二代传人——黄明贤的徒弟吴翔升的努力下走出南翔。那时，吴翔升在上海城隍庙开设的"长兴楼"经常顾客盈门。

到了民国时期，一位汪姓南翔人邀黄明贤在西藏路开设了古猗园馒头店，进一步扩大了这道小吃的知名度。渐渐地，南翔小笼包在上海、江苏、

上海　兼收并蓄的活力之都

浙江一带遍地开花，成为诸多名人政要宴客的食品之一。一次，梁启超在上海宴请《时务报》的知名撰稿人，席间特地买来南翔小笼包，众人品尝后都赞不绝口。

南翔小笼包

南翔小笼包美味的核心在于馅料和皮子。馅料以手工剁成的上等猪腿肉为主；皮子则不需发酵，由面粉和水直接揉出。此外，馅料里的肉皮冻也很关键。制作肉皮冻，首先要将过水的新鲜猪皮按一定比例和葱姜、花雕酒相拌，再用鸡汤熬制一段时间，接着搅碎猪皮再继续熬，停火后待汤冷冻成胶状就算大功告成。

南翔小笼包的吃法也大有讲究。首先小笼包一定要挑新鲜出炉、热气腾腾的，然后"一口开天窗，二口喝汤，三口吃光"，就是说要先将小笼包放入勺中，轻轻咬破面皮一角，先尝流出的汤汁，再尝馅料，最后连汤带皮吃下去，这鲜美滋味怕是吃过的人都不会轻易忘记。

在过去的百余年里，南翔小笼包的制作工艺不断得到改良，各道工序更加数字化、标准化。现在，有经验的后厨师傅6秒就能包好一只小笼包，然后快速码进蒸笼，再一摞摞拿到蒸炉上蒸熟；5分钟后，一笼美味的包子就端上了餐桌。

南翔小笼包于1995年被上海市人民政府认定为"上海名特小吃"。"南翔小笼馒头制作技艺"还分别在2007年和2014年入选上海第一批非物质文化遗产名录和第四批国家级非物质文化遗产代表性项目名录扩展项目名录。2021年，南翔小笼包迎来150岁生日，它用百年笼香，承载了南翔这座千年古镇近现代的文化风俗传承，已成为上海重要的历史文化印记。

■ 王燕华

上海　兼收并蓄的活力之都

吴淞铁路

中国最早的火车道

近几年，位于上海虹口区江湾镇街道的淞沪铁路江湾站旧址成了一处网红打卡地。旧址位于明珠创意产业园，沿着大柏树集装箱创客走廊向里走，可以看到纪念碑、火车头、钢轨、纪念墙等标志。在另一侧，微缩创意火车模型展示馆、由火车车厢改制的咖啡馆、创意书吧等休闲设施充满了时尚气息。淞沪铁路的前身便是吴淞铁路，作为中国第一条营运铁路的重要站点，江湾站已经在风雨中伫立了140余年。在这里，历史与现代碰撞交织，吸引着无数上海市民和外地游客前来参观游玩，探寻那段饱含沧桑的历史。

吴淞铁路是中国最早的火车道，它的修建源于一场英美商人合伙设计

伍 上海·成就

的骗局。19世纪中叶，上海成为通商口岸并开辟租界后，资本主义经济得到了刺激和发展。1863年，上海江湾商业繁盛，上海27家洋行故联名要求修筑上海至苏州的铁路，但被江苏巡抚李鸿章拒绝。此后数年，洋商们一直没有放弃修筑铁路的想法，并请英国公使出面斡旋，但仍未获批准。1872年，美国驻上海副领事奥立维·布拉特福组织吴淞道路公司，以公司名义向上海道台沈秉成诡称"申请修筑马路"。沈秉成在不明真相的情况下批准了这项申请，吴淞道路公司便征购了上海租界以北至吴淞一带的田地。随后由于资金短缺，吴淞道路公司将地权转让给以怡和洋行为代表的英美洋行，而后进一步集资增购土地，并成立吴淞铁路公司。1876年，吴淞铁路公司打着修建马路的名义偷偷将试验轨道铺成，"先导号"机车随之运行成功。

洋人偷建铁路的消息一经传出，新任上海道台冯焌光立刻对擅自建造铁路的英国人进行责问，并要求暂停筑路，但英国领事以"洋商自行购地造路，与中国政府无涉"为由不予阻止。怡和洋行也对中方的命令阳奉阴违，表面上遵令停车，实际上铺轨工作仍照常进行。

吴淞铁路

据《申报》记载，光绪二年闰五月十二日（1876年7月3日），吴淞铁路江湾段正式通车营业。当天，观者云集，铁路被人群围得水泄不通。虽然票价不菲，但人们都怀着强烈的好奇心争先恐后地体验乘坐火车的新鲜和便利。《申报》还专门报道了当时人们第一次看到火车时的惊奇反应："汽笛响起，火车开动，坐在车上的人像是悬挂着的旗子一样摇来晃去……沿途的农民看到火车冒着烟驰过，而且车上载满了衣着华丽的人，没有不'诧异奇观'的。"

洋商私筑铁路是侵犯中国主权的蛮横行为，但清朝统治者中的顽固派也始终看不到铁路对于国家经济发展的重要作用，一听见火车的轰鸣声就担心会破坏风水、惊扰山川神灵，进而带来更大的天灾人祸。吴淞铁路运营满一个月时，一名清兵跨越轨道，被火车轧死。这一事件激化了中外矛盾，中英双方经反复交涉后达成协议，铁路由清政府赎买，但在收回之前的一年还款期内，允许英商继续通车营运。就这样，光绪二年十月十六日（1876年12月1日），吴淞铁路全线通车，这之后不到9个月的时间内，共运送旅客16万余人次，盈利几乎达到英国国内铁路的平均水平。

光绪三年九月十四日（1877年10月20日），清政府如期结清购买铁路的第三期款项，连同前两期共计白银28.5万两。买断铁路及所有设备后，两江总督沈葆桢迅速下令把铁路全部拆毁，中国第一条铁路就此夭折。

甲午战争惨败后，清政府开始认识到铁路对中国的重要性，上海不少绅商与市民也呼吁兴修铁路。在舆论的推动下，光绪二十二年（1896年），张之洞奏议修建淞沪铁路，得到了朝廷批准。两年后，淞沪铁路正式通车，路线大体遵循20年前的吴淞铁路，全长16.09千米，一百年来，经受了炮火的摧残与时间的洗礼，直到1997年才彻底完成历史使命，退出历史舞台。如今，在淞沪铁路原线路上疾驰而过的，是崭新的上海地铁3号线（旧称"明珠线"）。

伍　上海·成就

吴淞铁路和淞沪铁路见证了上海开埠后的荣辱兴衰，从屡建屡毁到停用改造，其波澜起伏的命运正是上海这座城市从愚昧守旧走向理性实用、由开放进取迈向繁荣富强的历史足迹。

■ 陈陈

上海　兼收并蓄的活力之都

海塘

守护上海的"长城"

今长江口南岸绵亘着几条西北—东南走向、略似弓形的沙冈，它们纵贯上海嘉定、青浦、松江、闵行、奉贤，当地人称之为"冈身"。它们由贝壳砂带组成，高出附近陆地几米，东西最宽处达 5 千米，最窄处为 2 千米左右。在 4 世纪之前的两三千年间里，上海的海岸线曾长期停留在此，它从陆地的边缘分隔着海洋，让这个地带成了天然的"海塘"。海塘，又称海堤，是抵御海潮和风浪侵袭的堤防工程。

冈身以西的陆地为上海先民的主要生活区域，和现在的青浦、松江两区大部分重合。冈身以东的海域经长江的冲刷和海水的顶托，在靠近陆地的入海口处堆积起了大量泥沙，并从汉唐至近现代渐次向东推进成陆地，形成包括现在上海中心城区在内的广大地区。

沧海变桑田是一个漫长的过程，对于在海滨垦区的上海先民来说，这一进程直接关系到他们的生存。东部陆地靠海，易受海水倒灌，而倒灌引起的土地盐碱化，将使该地在很长一段时间内不再适宜耕种。在生产力落后的农耕社会，耕地大面积受灾很有可能导致饿殍遍野的惨剧发生。为阻隔海潮的侵袭，沿海先民付出了巨大的努力，他们通过修筑海塘、保护耕地，为上海成为长江入海口的一颗璀璨明珠打下了基础。

唐朝开元年间，上海修筑了一条捍海塘，西起今金山卫城南 5 千米、与海盐县接界的地方，向北至今江苏省太仓市，长度超过 75 千米，是上海有史以来的第一条人工海塘（又称开元古捍海塘）。大约在五代至北宋

伍　上海·成就

华亭海塘

初期，人们在这条捍海塘的东面又修筑了一条海塘，海沙沿着塘边堆积成一条沙带，因此该条海塘也被称为"下沙捍海塘"。到了南宋时期，由于岸线内塌，咸水倒灌，危害到农业耕种，当地又修筑了一条里护塘。

相传修筑里护塘时，土塘几次被潮水冲决，在众人一筹莫展之际，一位竹匠想到了一个办法：在毛竹片编织的椭圆大筐中装满石块，再将其抛入汹涌的潮水中堵住决口。这个办法起到了很好的效果，一时间人们争相编织毛竹片筐。筑塘之余还剩一些竹筐，有人便将其放在海塘的工地上，不曾想被一些人玩出了花样。他们将这些毛竹片筐拆开，重新编成球形，并在里面装入各种颜色、造型的灯，这就是最初的"滚灯"。后来，"奉贤滚灯"发展为集舞蹈、体育、艺术、杂技为一体的表演形式，表演者通过手部、腿部、腰部协同发力，让滚灯悬空飞舞，技艺熟练者甚至仅用牙齿咬住滚灯便可进行表演，观赏性十足。

几千年来，海塘就是上海的海岸长城，保护海塘的安全就是保护上海的平安。古代海塘的修筑不仅凝聚着上海先民们的勇气和智慧，表达了人与大海和谐共存的美好愿望，还为我们今天的海塘治理提供了宝贵的历史经验。

■ 张莹

伍　上海·成就

嘉定竹刻

以刀代笔

竹林森森是江南独特的风景，古往今来，竹在文人雅士心中也一直是气节高尚的文化象征。他们赏竹吟竹、以竹为榻、以竹为笔、以竹为友，甚至以竹自喻。在上海，嘉定的文人以刀代笔，将书、画、诗、文、印等诸多艺术形式融为一体，赋予了竹子新的生命，诞生了嘉定竹刻这一艺术成就。

嘉定竹刻始于明代嘉靖年间，兴盛于清朝乾隆时期，距今已有400多年的历史。

朱鹤是嘉定竹刻的创始人，他将书法运笔融入竹刻，创立了"以画法刻竹"的设计理念，使竹刻的艺术水平和书画韵味大大提升，将传统竹刻带入文人艺术的殿堂。其子朱缨、其孙朱稚征也都是著名的竹刻大家，合称"嘉定三朱"，但朱氏三代的竹刻珍器，流传至今的已寥若晨星。

1966年，在上海市宝山县顾村挖掘出土的一件"刘阮入天台竹香筒"就是不可多得的朱缨真迹。该筒直径3.7厘米，高16.5厘米，描绘的是刘晨、阮肇入天台山后与仙女下棋的情景，不仅画面层次分明、人物景致细腻入微，而且刻镂技法多样、雕工简练，文物专家王世襄誉之为"竹刻无上精品，第一重器"。

在"三朱"的影响下，嘉定派竹刻艺术家人才济济，如明末清初的侯崤曾、秦一爵、沈汉川、沈兼，清朝的吴之璠、封锡爵、蔡时敏、朱雪松等。

但到了近代，社会进入转型期，延续悠久的嘉定竹刻艺术面临着人才

上海　兼收并蓄的活力之都

嘉定竹刻

凋零的窘境，它的发展一度陷入低谷——竹人纷纷转行，传统刀法失传，流行于市面的竹刻只能算普通匠人制品，无文人之魂，不复昔日风采。

为了大力传承这一竹刻艺术，1980年嘉定建立了竹刻社，拨专款着手培养竹刻人才。当时一共有六人被选定去学习竹刻艺术，但因为个人工资与竹刻的销售量挂钩，在惨淡的市场销量面前，六年后最终只留下来一个名叫王威的小伙子，其余五人无奈地离开了竹刻行业。

王威自幼喜欢画画，在学习竹刻前专门学习过绘画，有较好的美术基础。在继承嘉定竹刻传统技法的同时，他又摸索出一套独具特色的竹刻风格，自然地融入了现代人的审美追求。

1987年，嘉定历史上第一期竹刻专业培训班开班，由王威执教，反响甚好。紧跟着便有了第二期。这些学员大多后来都成为了活跃在嘉定竹刻

伍　上海·成就

领域内的领军人物。到了 2006 年，嘉定竹刻入选第一批国家级非物质文化遗产名录；2007 年，嘉定竹刻博物馆开馆，王威被任命为馆长。现在，嘉定竹刻的艺术魅力已然复苏，成为上海地区一张亮丽的艺术名片，嘉定竹刻在中国工艺美术史上独树一帜，蜚声中外，为世所珍，历经 400 多年的沉浮。

以王威为代表的众多竹刻艺术家们也将以文人之才、匠人之心，燃烧自己的生命，延续发扬这门古老的技艺。

■ 彭婷

上海

陆

上海·精神

陆　上海·精神

导　言

上海长期引领中国开放风气之先，这与上海人的开放品格、开放作为紧密相连。

上海人好义。当犹太人走投无路时，上海人伸出了双手，欢迎他们的到来。其实，当时上海人自己的日子已经举步维艰，但面对需要帮助的犹太难民，上海人毫不犹豫地伸出了正义之手，与他们风雨同舟。

上海是大海的儿子，海通四方，海纳百川。历史上上海就是个移民城市，本地先民和外来的人们和谐相处，积极进取，兼收并蓄。上海人不排外，来上海的移民最后都成了"新上海人"，为这个大都市贡献出了自己的一份努力。

上海人追求卓越和创新。上海人精明睿智，开明自由，他们将传统和现代相结合，完美地展现了上海人的品格。上海人心胸豁达，豪气万丈，大气谦和，他们跨越时空，艰苦奋斗，见证了上海的城市发展和进步。

上海人遵规守矩，重视规则和纪律。上海人重法治、重信用，讲究公平、平等，强调人的责任意识。

一座城市有一座城市的品格，上海的城市品格得到一代又一代上海人的传承，刻在了新时期的精神光辉里。上海永远有着广博的胸怀，将继续努力在高质量发展上走在前列，在现代化建设中勇立潮头。

风雨同舟

犹太难民的庇护港湾

上海虹口区长阳路 62 号，坐落着一座风格独特的三层教堂，名叫摩西会堂，教堂的对面有一尊名为《风雨同舟》的雕像，十分引人注目。雕像中那位身穿旗袍的上海女人微微弯腰，裙摆在她的膝盖下方随风稍稍掀起，她一手撑着雨伞，一手伸向一个抱着玩具的犹太女孩，仿佛下一刻要将她揽入怀里，为她遮风挡雨。望着雕像的一刹那，时间仿佛回到了风雨飘摇的 20 世纪三四十年代。

那时正值二战爆发，犹太人惨遭纳粹德国屠杀，逃离欧洲成为他们活下去的希望。"逃离"意味着首先要有目的地国家的签证，但当时大多数国家都对犹太人关闭了大门，他们在获得签证的路上困难重重。面对残酷的现实，遥远的中国向犹太人敞开了大门，在他们面临命运的惊涛骇浪时，送来了一艘"诺亚方舟"。给他们登上方舟船票的外交官何凤山，被犹太人亲切地称为"中国的辛德勒"。

何凤山，湖南益阳人，1938 年至 1940 年任中国驻奥地利维也纳总领事，在任期间恰逢纳粹德国吞并了欧洲第三大犹太人聚居地奥地利。纳粹德国欲将这里的犹太人赶尽杀绝，规定集中营里的犹太人只有能够离开奥地利的才可以释放，剩下的将在集中营里被成批屠杀。消息一出，奥地利每天有成千上万的犹太人奔走于各国领事馆之间，以求获得一张逃离此地的签证。17 岁的艾瑞克·高德斯陶伯便是其中的一名幸运儿。

为拯救全家二十几口人的性命，艾瑞克跑了 50 多个领事馆，但一个

陆　上海·精神

《风雨同舟》雕像

签证也没拿到，直至来到中国领事馆。他向总领事何凤山讲明来意后，何凤山毫不犹豫地给他们发放了签证，目的地是中国上海。

艾瑞克一家得救的消息在犹太人中迅速传开，自此中国领事馆门前每天都有犹太人排着长队，他们中不少人在这里拿到了"生命签证"。但这件事引起了纳粹当局的不满，不久，他们以中国总领事馆所在的房子是犹太人的资产为由，将其没收。领事馆工作人员陷入恐慌，犹太难民也为此感到绝望，但何凤山顶住压力，自掏腰包租了一套小公寓，并把领事馆搬进去，继续发放签证。据统计，直到迫于德国纳粹政府的压力被调离维也纳，何凤山手里发放了数千份签证，这意味着他将数千人从纳粹的魔爪中拯救了出来。

犹太难民到达上海时大多身无分文，但从轮船舷梯走下的那一刻起，迎接他们的是异国他乡的温暖。当时大批犹太人聚集在虹口提篮桥一带，与中国人杂居，他们相互帮助，共渡难关，在那段真情岁月中留下了很多感人的故事。

上海的金文珍女士说，当年祖父金老先生在虹口区东长治路开了家米店，周边不少犹太人生活很困难，常会到店里借些米、面。1940年的一个傍晚，阴沉的天空下着雨，一对神情焦灼的犹太夫妇，抱着一个发高烧的孩子来到店里，希望金老先生能借钱给他们的孩子治病。他们递给金老先生一只漂亮的手袋，说是家里祖传的，很珍贵，先放在这儿，一有钱就赎回去。金老先生借给那对夫妇一笔现金，金额相当于他的米店一个月的营收，但他之后再也没有见过他们。10年后，金老先生将手袋交给金文珍女士，叮嘱她一定要好好保存。2015年，金文珍女士将珍贵的手袋交给上海犹太难民纪念馆，希望手袋在历经75年的等待后回到主人手里，完成他们祖孙三代的心愿。

二战结束后，思家心切的犹太难民如同潮水般从上海退去，但他们成立了上海犹太居民联谊会、黄包车联谊会等组织，缅怀他们在上海度过的那段珍贵的岁月。

上海用一城之地接纳的犹太难民数量近3万人，抚慰了这个悲情的民族在二战中的颠沛流离。就连电影《辛德勒的名单》的原作者肯尼利也感慨道："辛德勒救了1100名犹太人，而上海拯救了数万人！"

■ 张莹

东方明珠广播电视塔

海纳百川

历史脉络中的碰撞和交融

提到上海话，你最先想到哪个词？

没错，"阿拉"。哪怕是从未到过上海的人，也可能听说过它。"阿拉"二字，仿佛是上海话的名片，一句"阿拉上海宁"，上海味十足。

"阿拉"在上海话里表示"我们（的）"，但它并不是一个土生土长的上海词汇。在老上海话里，"吾""吾伲"才是"我""我们"的意思。"阿拉"是怎样取代"吾""吾伲"，成为上海话中的"我""我们"的呢？

这得从一百多年前上海开埠说起。

上海　兼收并蓄的活力之都

1843年，上海被开辟为通商口岸，全国各地的人们，还有西方传教士和殖民者纷至沓来。一个弄堂里住的既有上海本地人，也有外地来的"新上海人"。来自五湖四海的移民和本地人相互交织，各种方言汇聚一堂，但各方言之间，不管哪个地方的方言都不能"战胜"另一方成为主导方言，它们最后就融合成了城区里的新上海话。来自宁波的"阿拉"逐渐取代了老上海话"吾""吾伲"，成为上海城区话里的"我""我们"。今天，"吾""吾伲"仅存在于上海郊区的"本地话"里。

像这样外来方言词汇融入上海话的例子还有很多。比如"呱呱叫"，是苏北方言，是"很好、很棒"的意思；"搞定"，是广东方言，意思是"搞好了、办妥当了"；"吃家生"，是苏州方言，意思是"挨打、被揍"；还有杭州方言"木老老"（很多很多）、宁波方言"碗盏"（碗）等等。

除了各地方言，上海话还吸收了很多西方外来词，并在不断接受西方新事物的同时创造了许多新词汇。

20世纪八九十年代，上海流行一种叫"麦淇淋"的裱花蛋糕。逢年过节，若能送人一个麦淇淋蛋糕，绝对是一件体面的事情。"麦淇淋"是英文"margarine"的音译，其实就是人造黄油，但这个音译让人造黄油多了份"异域风味"，令人顿时多生了一份向往。"太妃糖"也是如此，这个"太妃"可不是古代先朝嫔御的封号，而是英语"toffee"和"toffy"的沪语音译。除了跟食物有关的词汇，还有其他涉及生活方方面面的音译词。比如上海著名的兰心大戏院，建成于20世纪30年代初，英文名"Lyceum Theater"，音译为"兰心"。"Lyceum"为文化宫、文苑之意，原指亚里士多德讲学的地方，后来在西方文化中泛指文人荟萃的精神家园。而唐诗有"金声玉韵，蕙心兰质"，形容女子心地纯洁、品质高雅。这种翻译既保留了音，又契合了意，最为高明。

陆　上海·精神

上海人喜欢用的"嗲"字，原是形容小孩或女性撒娇的神态，有"嗲妹妹"（漂亮又娇柔的年轻女性）、"发嗲"（撒娇、装可爱）这样的说法，后来逐渐发展为一个可以称赞任何事物的形容词，意为"很好、很赞"。有人认为，"嗲"这个字，源于对英文"dear"的音译。上海人看到外国人见面，都喜欢拥抱贴面、热情互道"dear"，便把"dear"学了来。像"吐司""汉堡""热水汀""水门汀""白兰地""老虎窗""马赛克"等许多词汇，也都是当时的上海人根据这些新鲜事物的外文发音音译过来的。

还有一些词汇，是上海人在城市化发展的过程中用上海话创造出来的，如"自来火""洋火""自来水""街道""马路""脚踏车""礼拜""商会""公司""孤儿院""雪花膏""花露水"等，不胜枚举。这些词汇，包含了城市基础建设、工业发展、商业流通、文化兴盛、市民生活等多方面的内容，是对上海城市化发展的生动记录。

上海经受过战争的洗礼、殖民者的争夺，也享受了移民潮、改革开放的红利，在历史的更迭中逐步成为一个海纳百川的大都市。而上海话就是这个城市的钥匙——汇聚了五湖四海的特征，体现了这座城市包罗万象的性格，用这把钥匙，你可以打开上海这座城市隐藏的基因密码。

■ 张丽

追求卓越

永无止境的创新动力

2021年8月4日,中国长征六号运载火箭在太原卫星发射中心点火升空,将两颗多媒体贝塔试验卫星送入预定轨道。千里之外的中国航天科技集团上海航天技术研究院内一片欢呼雀跃,庆贺长征六号运载火箭完成第七次发射任务。

长征六号运载火箭可不是"长征"火箭家族中平平无奇的一员,它是这个家族的拓路者。2015年,长征六号一经亮相就以"一箭20星"的亮眼成绩吸引了全世界的目光。它首次采用了中国研制的高压、大推力、无毒、无污染的液氧煤油补燃循环发动机,拉开了中国新一代运载火箭投入使用的序幕。2017年11月21日,长征六号火箭第二次发射,以"一箭三星"方式将"吉林一号"视频04、05、06卫星发射升空,成为中国新一代运载火箭中首枚参与商业发射的火箭。2021年的4月和7月,即第七次发射前,长征六号火箭分别完成了两次发射任务。与以往"搭载"方式不同的是,4月发射的长征六号,首次以"一箭九星"的"拼团共享"方式为多颗卫星提供发射服务,它不但将三颗主星送入预定轨道,还利用剩余运载能力发射了六颗小卫星。

创造了多个中国"首次"的长征六号运载火箭频频亮相于世人眼前,而它的"出生地"——上海航天技术研究院却并不为人熟知。

1959年年底,为加速中国航天工业发展,根据周恩来总理的指示精神,国务院副总理聂荣臻提出:"上海也可以搞导弹。"1961年8月1日,

长征六号火箭

上海航天技术研究院的前身——上海市第二机电工业局正式成立。在创立之初，只能用"一穷二白"来形容，厂房设施、技术装备、工艺水平、生产管理、技术素质等方面与制造尖端技术产品不相适应，在国民经济严重困难的大形势下，当时的上海领导提出"即使当掉裤子，也要将导弹事业搞上去"，开启了上海航天人筚路蓝缕的航天工业建设之路。

他们立根于仿制导弹，成长于自研开发，主要业务领域覆盖防务装备、运载火箭、应用卫星、空间科学、航天技术应用产业和航天服务业等。上海航天人以习近平新时代中国特色社会主义思想为指导，坚定航天报国志向，坚定航天强国信念，坚持以奋斗者为本。

要问为什么上海航天能在60多年里创造出如此辉煌的成就，为什么上海航天参与研发的长征六号运载火箭发射成功率能达到100%？走进上海航天院 800 所唐建平班组，便能寻找到答案。

在 2000 平方米的现代化数控加工中心厂房里，只见荣获第四届"中国航天科技集团公司十大杰出青年"称号的郭耀俊正在低头打磨零件，沉浸在高难度"艺术品"的创作中。他说："每一个零件我都当作'艺术品'来打造。能通过自己的双手，助型号产品完成使命，值！"

郭耀俊是上海人，刚进上海航天技术研究院 800 所数控加工中心时，他还是个莽撞的毛头小子。那时，复杂的数控机床对他而言，是个难以伺候的新伙伴。一次加工筒类零件时，他敲错了刀补参数，使得班组人员多个日夜的努力都付之东流。郭耀俊的师傅是"全国五一劳动奖章"获得者唐建平，唐师傅平日里总告诫他："干活要用手，更要用心、用脑。"这次失误使得郭耀俊愧疚不已，也让他明白了精细工作必须锱铢必较、毫厘必争。此后，他跟着师傅苦练基本功，自学与数控加工相关的理论知识，短短几年内迅速成长为操纵机床的行家。

镗刀，是机床操控工作中的一项重要工具。一次操作中，郭耀俊发现普通镗刀的设计不利于零件的精密加工，而精密化对于追求极致的航空制造有着重要意义，于是他决定挑战这个难题。经过反复实验分析，他创造性地将普通镗刀改制为反镗刀，实现了零件在数控加工中心上的"反镗"加工，不但提高了零部件的加工精度，而且帮助攻克了某型号框架的技术难关，解决了型号生产难题。

攻克难关、技术创新是日常操作；追求质量、品质卓越是终极目标。正是由于有着无数个"郭耀俊""唐建平"，才造就了上海航天技术研究院，也正是由于在上海的各行各业都有着无数个"郭耀俊""唐建平"，才造就了上海这座世界级的超大城市。

上海是一个追求卓越的城市，这里充满着永无止境的"创新动力因

陆　上海·精神

子"——中国第一艘万吨轮、第一台万吨水压机、第一个民族食品品牌"光明牌",还有那些曾经代表着一代人对生活品位追求的上海老字号:大白兔奶糖、凤凰牌自行车、上海牌手表、蝴蝶牌缝纫机……如今的上海,"大飞机"一飞冲天,"彩虹鱼"直达深渊,磁悬浮飞速奔驰,在"追求卓越"中不断实现自我、超越自我。

■ 张丽

上海　兼收并蓄的活力之都

开明睿智

精致生活里的生存智慧

清晨，我在折叠钢丝床上翻了个身，透过木头窗框的缝隙洒进来的阳光照在脸上，有些许刺眼。鼻尖似乎闻到那熟悉的刺鼻的气味，谁家的煤球炉子灭了，又在生煤球炉子？耳边却是外婆的低语："囡囡，起来，读书要迟到了。泡饭帮侬烧好了，侬快点吃好读书去。"

猛然间惊醒，入眼的是塑钢窗户、席梦思大床和方正的现代化卧室。哪有木头窗户、煤球炉子和早已去世的外婆。原来，是小时候弄堂里的回忆又跑到我的梦境中来了。

不管如今的生活发生了多么翻天覆地的变化，弄堂生活仍是每个老上海人的人生印记。

电影《我和我的父辈》中有这样一个片段：冬冬的爸爸精明能干，善于精打细算。他为了省钱，自己画图纸买材料，动手做了一个双人沙发。但是沙发太大了，怎么都搬不上狭小的楼梯，进不了家门。冬冬的爸爸又想办法做了一个滑轮，把沙发从窗口吊上二楼，搬进了家里。

冬冬的家在楼梯转角处，面积狭小，但是这个家却被布置得井井有条、温馨舒适，每个角落、每个物件都被有效地利用了起来。五斗橱靠在屋顶低矮处，电视机放在上面，樟木箱子上铺一块蕾丝花边布做茶几，就可以舒舒服服坐在沙发上一边喝饮料一边看电视。

这个故事，是生长在上海的徐峥导演拍摄的场景，就如同我的梦境一般，是很多观众对上海弄堂的共同记忆。

陆　上海·精神

从这些片段中，可以看出，在弄堂里长大的上海人，善于"螺蛳壳里做道场"，善于把一分钱掰成两分用。

"螺蛳壳里做道场"是形容在狭窄的场地、简陋的条件下做成精妙复杂的事情。弄堂里人员密集，平摊到人均的居住面积只有巴掌大小，但是精明的上海人并没有被狭小的居住环境困住。他们在"蜗居"中用自己的智慧创造美好生活，买木板搭阁楼，架上一个可以移动的简易木梯，10 多平方米的空间马上变成了复式结构。楼上较为低矮，但可以供一家三口做卧室。楼下摆沙发床和吃饭桌子，白天是客厅起居室，晚上桌子靠边，沙发床铺好，就是老人的卧室。

一分钱掰成两分用，用有限的资源获得更精致的生活，这是一种生存智慧。在粮食棉布都要凭票购买的年代，上海人用零头布做成"假领头"，既不花布票，又如同穿了一件挺括干净的衬衫，这种做法很快风靡全国。主妇或主夫们在菜场里讨价还价，自己带着弹簧秤以防小贩短斤缺两，到电器材料商店买电子元件，回家后自制音响，精明又聪明的上海人总是能想出办法让生活更加有滋有味。

不但是小家，上海人也在用自己的智慧创造更美好的"大家"。

常德路 800 号，是 20 世纪的"红色资本家"周志俊创办的新安电机厂所在地，由 15 栋风格截然不同的建筑组成。木制顶梁结构的厂房、殖民风格的别墅和 20 世纪 60 年代的办公建筑，一起见证了上海工业发展的兴盛与衰落。2008 年，上海以"修旧如旧"的原则对这些老厂房进行了维修改造，保留历史的同时，也充分利用了空间。如今，星光熠熠的常德路 800 号有了一个时尚的新名字——800 秀。

高楼大厦下的边角料空间，被打造成"口袋公园"，既改善了生态环境，也为市民提供了一个休闲去处。此外，上海政府还着力改造老式住宅小区，

上海　兼收并蓄的活力之都

上海街景

打造"一平方米卫生间",解决了老式住宅"拎马桶"的苦恼,大大改善了居民的生活质量;整合社区资源,把日托、助餐、医养相结合,打造"嵌入式"养老服务,缓解"大城养老"压力;还有建在平顶房屋顶的"空中康复中心"、家门口的"文化客厅"、"创智农园"……只要你留心观察,就会发现上海这种精雕细琢、化腐朽为神奇的案例随处可见。

亚里士多德说:人们为了活着而聚集到城市,为了生活得更好而居留于城市。几十年来,上海的经济、社会面貌发生了巨大的变化。利用有限的资源,把民生发展得更好,把城市建设得更好,上海人的生活才能变得更加美好。上海人用他们聪明的头脑、开阔的眼界和灵巧的双手,把开明睿智的特质发挥得淋漓尽致。

■ 张丽

上海　兼收并蓄的活力之都

大气谦和

国际都市的广博胸怀

秋风送走了暑气，金色的阳光洒向大地，秋天是上海最适宜的季节。沿着苏州河畔散步，循着香气走进一家咖啡馆。

二楼的景观位可以饱览苏州河的美景。河面上波光粼粼，不时有水鸟低飞掠过。外白渡桥平缓地跨过河面，邮政博物馆的绿色塔尖和红墙的瑞泰里相互映衬。蓝天白云下的苏州河畔，让人的心情也随之明媚起来。

点上一杯热气腾腾的咖啡，在氤氲的烟气中，遐想着咖啡与上海的因缘际会。

咖啡是"coffee"的音译，听名字就知道是一种舶来品，据说最早是作为咳嗽药水出售。没想到吧，这种口感苦涩的奇妙液体原本是一种药剂。据有关资料显示，最早供应咖啡的是一名英国药剂师，1853年，他在位于大马路花园弄的老德记药店出售咖啡。咖啡治疗咳嗽的效果好不好无从考证，不过当时在上海的西洋人对咖啡青睐有加。1866年，上海第一家咖啡馆"虹口咖啡馆"正式对外营业，标志着咖啡从药剂华丽转身为饮料。此后咖啡逐渐被上海本土民众接纳，咖啡馆从租界开到了华界。

到了20世纪初，咖啡馆在上海遍地开花，它将中西方的特色融合在一起，形成了独特的上海风景。在咖啡馆里喝咖啡是再寻常不过的事情，穿着洋装或中装的上海人，将喝咖啡看作是洋派的社交新方式。文人墨客喜欢在咖啡馆里会客、创作，田汉曾在咖啡馆里编写话剧，张爱玲也曾在咖啡馆里撰写小说。他们听着留声机里播放的音乐，品着舶来品咖啡，书写着充满东方韵味的海派文学。

上海的精品咖啡店

1958年，由上海咖啡厂生产的"上海牌咖啡"诞生了。许多老上海至今还记得那泛着金属光泽的褐色罐头，咖啡豆被磨成细细的粉末，撕开密封锡纸，浓浓的咖啡香气扑面而来。上海牌咖啡加熊猫牌炼乳是许多上海人偏爱的经典搭配。这罐咖啡在后来的二十多年里风靡全国，几乎占据了整个中国的咖啡市场，成为上海制造的骄傲。

20世纪80年代，伴随着改革开放的春风，那句"味道好极了"的广告词让速溶咖啡、三合一调味咖啡成为市场主流。到了21世纪，日本、美国、加拿大的咖啡品牌接踵而至，抢滩上海。

如今，大街小巷遍布风格各异的咖啡馆八千多家，上海已成为全球拥有咖啡馆最多的城市。咖啡馆不但出现在商圈、产业园区，还走进了社区、剧院、酒店、图书馆、美术馆，甚至连主营糕点的上海老字号都推出了咖啡。咖啡已经延伸到城市生活的每一个角落。

上海　兼收并蓄的活力之都

上海的大气、开放、包容，让舶来品咖啡在这片土地上生根、发芽、演变，它浸润到上海城市生活之中，开出了具有上海特色的海派花朵。它带来的西方多元文化，被上海这座具有广阔胸怀的国际化都市理解、吸收、转化，融合到独特的海派文化中去。

一杯小小的咖啡，是上海发展的缩影。在上海的发展历史中，还有许多这样的例子。

1865 年，英国人就在苏州河畔建起了大英自来火房，并向租界内的居民供应煤气。虽然最早仅有 39 户家庭（且都是西方上流社会人士）安装使用，但这意味着上海已经开始接触法国人菲利普·鲁本在 18 世纪的这项伟大发明。随后，大英自来火房在南京路上安装了 10 盏路灯。当煤气路灯照亮南京路时，整个上海为之沸腾。"西域移来不夜城，自来火较月光明。"刊登在《申报》上的这首《洋场竹枝词》便是当时文人对煤气路灯的赞叹。后来，一些富裕开明并有长远眼光的华商也纷纷申请安装煤气灯，上海逐渐被煤气灯点亮。1882 年，英国商人成立了上海电气公司，向公共租界供应照明用电。从此，马路上的路灯被称为"电灯"。"电灯"逐步推广到整个上海，使上海成为了真正意义上的"不夜城"。

上海最早的电话、邮政局、自来水公司、消防队、博物馆、菜市场、医院、学堂等城市基础设施，都是由西方洋人引入的。"大上海"之"大"，并非单纯是字面上的土地广、人口多。上海之所以能成为"大上海"，关键在于有"大气度""大胸襟""大包容""大格局"。正因具备了中国传统文化中提倡的大气谦和的精神，上海才得以成为一个具有广博胸怀的国际化大都市。

■ 张丽